目　录

Arts Smart: The Creative Arts in Preschool

高瞻课程的理论与实践
——HighScope——

艺术智慧

——幼儿园中的创造性艺术

[美] ▌ 安·S. 爱泼斯坦（Ann S. Epstein） ▏ 著

唐小茹　齐　鑫　译

教育科学出版社
·北　京·

致　谢

《艺术智慧——幼儿园中的创造性艺术》一书的出版让我在幼儿发展及儿童早期教育领域探索 50 年后达到了圆满。我终身都对艺术感兴趣。在进行博士预备考试和撰写博士学位论文的过程中，我探索了创造性的发展；在早期，我又为高瞻课程和美国幼儿教育协会（National Association for the Education of Young Children，NAEYC）撰写了很多相关出版物。从那时开始，这一主题一直都是我工作的主要内容。甚至在撰写其他主题的文章——无论是文学、数学还是社会性情感发展与身体发展时，我一直都认可艺术对于早期教育及终身教育所有领域的重要性。

本书得以付梓得益于许多人对艺术的兴趣以及他们的知识和才能。感谢高瞻早期教育中心（Early Childhood Department at HighScope）的全体同人给予我的启发和支持，特别感谢克里斯汀·斯奈德（Christine Snyder）、香农·洛克哈特（Shannon Lockhart）、霍莉·德尔加多（Holly Delgado）、波利·尼尔（Polly Neil），感谢你们关于创意活动的新奇点子。感谢苏·盖斯莉（Sue Gainsley）的细致校稿，确保了老师们在使用本书时能够行之有效地激发幼儿的学习。

同样感谢高瞻出版中心（HighScope Publications Department）的编辑詹妮弗·博德（Jennifer Burd）及助理编辑南希·戈因（Nancy Goings）在出版工作上给予我的帮助；感谢塞林设计有限责任公司的朱迪·塞林（Judy Seling）的书籍装帧设计和排版工作；感谢格雷戈里·福克斯（Gregory Fox）、鲍勃·福伦（Bob Foran）及高瞻摄影中心的各位同事所提供的照片。

最后，感谢所有的艺术家们，是你们用创造力为自己的生命赋予了意义，鼓舞我们不断革新身处的世界。我也要感谢世间的每一个人，因为每个人都是创意艺术家。请大家继续用音乐、视觉艺术、律动、戏剧以及对创造过程的欣赏去丰富我们的世界，这将驱使并让我们既年轻又年老。

第一部分
引言与概论

本部分概述了创造性艺术的重要意义，以及如何有效地支持创造性艺术在幼儿教育中的发展。

第1章 解释了为什么创造性艺术对儿童早期发展是重要的，并介绍了使用本书的一些细节。

第2章 讨论了幼儿创造性艺术的发展。

第3章 提供了在早期教育机构中支持创造性艺术的基本教学策略。

第 1 章 引言：为什么创造性艺术对早期发展很重要

长久以来，人类用艺术的手段去分享他们内心最深处的喜悦和恐惧，并使这些喜悦与恐惧具有了意义。当我们把身影带出洞穴，把它们变成故事、舞蹈、歌曲或图画时，我们就把自己的情感转变成了可与其他人分享的东西。在往日难得的时光里，所有的植物都并然有序，对此，我们以一种更深刻地理解世间万物的方式进行了回应。（Matlock & Hornstein, 2005, pp.7-8）

艺术教育的好处

你是否知道，在成为世界闻名的科学家之前，路易斯·巴斯德（Louis Pasteur）[①]是法国一名前途无量的青年画家，查尔斯·达尔文（Charles Darwin）则是一名满腔热血的摄影师，而阿尔伯特·爱因斯坦（Albert Einstein）每天都要弹奏小提琴。事实上，研究发现，在科学领域取得极高成就与参与创造性艺术之间有着显著的关联性（Root-Bernstein, 2014）。不仅是诺贝尔奖得主，一些专利持有人和创新型企业家也都在儿童时

---

① 路易斯·巴斯德，法国化学家和细菌学家，创造了巴氏消毒法，并在疫苗接种技术方面进行了开创性的研究。——译者注

期学习过艺术，并在成年时依旧没有放弃（LaMore et al.，2013）。为什么这种关联性会反复出现呢？这可能是因为一些特质，例如在实验室中拉动 DNA 链所需要的精细动作技能，观察事物细微差别的敏锐，对研究的投入，以及享受构造万事从无到有的乐趣，有助于塑造科学家，而这种种特质都植根于视觉艺术、音乐、律动和戏剧表演游戏等活动对创造性的追求之中。

　　尽管有很多证据证明了艺术教育的好处，但许多学校仍在预算中降低了对艺术教育的投入，甚至有的学校完全砍掉了这部分预算。虽然早期教育机构历来支持艺术教育，但是许多机构仍旧在让儿童为学前班做好准备上存有巨大的压力。教师们花费更多时间在读写和数学上，代价是牺牲了对儿童非常重要的艺术教育经验。幸运的是，反对狭隘地只重视学术学习的呼声重新唤起人们对儿童社会情感发展以及身体发展的关注。这是一个恰当的时机，我们可以告诉人们：艺术教

育对于幼儿早期发展也是至关重要的。

希望本书有助于艺术教育重回早期教育机构。虽然本书的重点在于提供一系列活动，成人可以在教室中用这些活动来促进视觉艺术、音乐、律动、戏剧表演游戏及艺术欣赏能力的发展，但创造性艺术更需要的是为儿童提供材料，或计划小组活动。艺术首先是一种重视创造性探索和表达的态度或精神。只有在严肃对待游戏、尊重艺术家以及承认艺术对创造充满生气的文明社会的作用的环境中，艺术才能够兴旺发达。

美国国家艺术教育者协会（National Art Educator Association）的早期教育小组在他们的愿景宣言中是这样说的："每名儿童都应该享受到高质量的早期教育，在这种教育中艺术应该嵌入其中，他们应该享受到丰富而有意义的艺术体验。"（2006，p.20）艺术教育者帕特里夏·塔尔（Patricia Tarr，2008）认为，将艺术嵌入教育会比将艺术整合进课程更加深入。"整合"是指将各独立的部分结合成为一个整体，而"嵌入"指的是陷入，或是扎根于课堂的日常生活，包括观看、创造、讨论艺术，让艺术成为课堂生活中一个长远的主题。

创造性艺术把想象和幻想引入学习过程——这是"另外一个世界"，对我们的生存来说，这个"世界"同"真实的世

界"一样重要。艺术为幼儿提供了选择、控制以及无限的可能，而这些特质对于那些经历贫穷、暴力、迷茫以及（尚）无法用语言来表达自己的人来说尤其重要。艺术也让有特殊需要的儿童与正常儿童一起平等地探索、创造这个世界，同时，艺术也让双语学习者（DLLs）平等地与英语本土人士进行交流。

教育者们经常说到充满文字的环境或充满数字、自然的环境。本书创造了一个"充满艺术"的生活环境，在这样的生活中，儿童们建立并持久地相信，创造也是人类的权利。本书提出，综合教育领域的至理名言是促进儿童"身体、社会性—情感、认知以及创造性的发展"。并且，鉴于艺术对培养科学家有着重要的意义（就像本章开头所提到的），STEM（Science, Technology, Engineering, and Math）的缩写应该被拓展为STEAM，其中"A"代表"艺术"（Art）。

如何使用本书

本章的剩余部分简要介绍了创造性艺术重要在哪里、为什么重要，以及在其他领域它们是如何帮助塑造知识与技能的。第2章总结了幼儿阶段艺术能力的整体发展。为了完善本书的第一部分，第3章介绍了在学习环境和一日常规中支持艺术教育的一般教学策略，同时，还介绍了帮助有特殊需要的儿童以及英语为第二语言的儿童适应学习的内容。在本书的第二部分，即第4—8章，每章提供了10个活动，具体说明了高瞻学前课程中创造性艺术的5个领域：视觉艺术、音乐、律动、戏剧表演（假装）游戏，以及艺术欣赏（Epstein, 2012）[参见《高瞻学前课程中的创造性艺术》（*Creative Arts in the HighScope Preschool Curriculum*）一书第10页]。在每个领域的系列活动之前，您还将找到发展要点、合适的材料以及教学策略（参见关于文化多样性、有特殊需要的儿童及双语学习者的内容）。在第2章的开头部分，你还将看到关于活动的一些介绍。

将艺术作为一个独特的课程领域

当我们把艺术当作一个独特的课程领域，并带有独特的、可以被教授和掌握的知识体时，我们并不担心是在教授技能、技巧、欣赏和艺术史。我们将把艺术当作一门重要的课程，它不仅被提供给特殊的、有天分的儿童，也被当作一种通用的、特别的表达和交流意义的方式，这既可以是个人水平上的交流和表达，也可以是更广泛意义上的交流和表达。（Wright，2003，p.154）

在学前教育中，创造性艺术能够完成三个目标。它们让幼儿与自己的感觉、想法以及情感密切联系；它们允许幼儿以多种方式表达自己；它们挑战幼儿的想法，并帮助幼儿理解周围的世界。

创造和欣赏艺术整合了幼儿先前的学习，并把先前的学习与新学习联系了起来。艺术帮助儿童创造意义。"有意义的学习包含了情感、体验、联系以及用眼睛、手和身体来清晰地看的能力"（Pinchiotti，2006，p.11）——这些正是创造性艺术做的事。

用艺术材料工作可以让其他人"看见"儿童的学习，这种学习既体现在过程中，也体现在产品上。儿童不仅会看、触摸材料，他们也会"倾听"材料——他们不仅倾听声音，也倾听材料传达出来的信息：压扁我，摇晃我，把我卷起来，把我涂在页面上，把我变成帽子，用我来表达你的愤怒。

除了能够提升个体的表达能力，创造性通常也具有社会性。艺术能够让儿童与成人、同伴联系在一起。著名艺术教育家薇薇安·佩利（Vivian Paley，1981）曾说，"当儿童独自工作或在关系亲密的成人的监督下工作时，与他们彼此信任，不试图控制他们的探索发现，这将取得很难获得的丰富性"(p.11)。

最后，每个人都应该得到艺术教育的机会，而不仅是那些具有我们想要培养的天赋的儿童，也不仅是那些缺少艺术资源的处境不利的青年。进步主义的创始人约翰·杜威 (John Dewey，1934) 坚持认为，"艺术自身的道德功能是去除偏见" (p.338)。由于所有的文化和大多数宗教都在它们的传统和实践中使用艺术，因而艺术能够让幼儿把自己的文化背景整合到学校课程中 (Wardle & Cruz-Janzen, 2004)。

因此，艺术鼓励我们欣赏多样性。艺术也能让具有特殊需要的儿童更好地融入环境。艺术让这些儿童充分地参与课堂生活，有时需要特殊的装备，有时则不需要，并且，艺术能让所有儿童欣赏到同伴的天分与能力 (West，2005)。同样，那些（尚）不能说话或正在学习英语的儿童可以通过艺术来与成人和同伴进行交流。图像、声音以及律动是分享思想和情感的通用语言。

艺术如何帮助各领域的发展

艺术邀请儿童进行想象、解决问题、表达自己的想法和情感，并使他们的经验具有意义。从自身的价值来看，并且因为艺术能够强化儿童在读写、科学、数学、社会学习等方面的技能发展，所以创造性艺术是早期教育课程中有意义的一部分。(Koralek, 2005, p.2)

教育工作者和研究者令人信服地证明，艺术及其潜在的游戏性不应该被用来满足传统的学校科目教学。"通过减少投入在学术学习上的时间，游戏不仅减少了儿童的学习，也促进了有助于儿童成功学习的关键能力的发展。"(Copple & Bredekamp, 2009，p.xiii) 例如，在高水平的戏剧表演游戏中，儿童必须控制自己的冲动以进行合作，在进入游戏情境前必须记住要做什么，必须使用语言来表达自己的思想，必须用道具来代替物品和行动——这些能力对儿童日后的学校成绩都意义重大。

关于大脑发展的研究更加有力地揭示了艺术学习是如何转化为其他领域的成

长的（Catterall, 2002a）。例如，神经成像研究显示，不同的艺术体验会刺激大脑不同的区域（Sousa, 2006）。

- 视觉艺术（美术）会让大脑中负责回忆或创造想象的区域兴奋起来。
- 音乐会让大脑中的情感区域兴奋起来。乐音能够让人产生愉快的情绪；不和谐的噪音会让人感到不愉快。音乐也能刺激大脑中与数学推理有关的区域。（但是，听古典音乐并不会让儿童变成未来的爱因斯坦。）
- 舞蹈能够活跃大脑中的律动神经元和空间神经网络。
- 戏剧表演游戏能够开发主要负责口语和情感的神经网络。
- 艺术欣赏（用感知的方式来理解艺术作品）强化了大脑的组织、记忆及回忆等能力。

其他研究显示，艺术体验与儿童的幸福、成就存在着关联（Deasy & Stevenson，2002；Horowitz & Webb-Dempsey, 2002）。研究持续证明，当核心课程中包含艺术时，学生更可能集中于任务，更具坚持性，更愿意与他人合作，并且在情感上更容易全身心地投入学习。具有创造性、结果开放的艺术活动帮助儿童建构了执行功能（executive function），因为这类活动鼓励儿童计划、评估，并调整自己的行为以达成目标（Maynard & Ketter, 2013）。

总之，"艺术不仅具有表达和感染的功能，从其内在来看，它们也具有认知功能"（Sousa, 2006, p.20）。艺术有助于幼儿享受创造性所带来的丰富，并能够帮助儿童发展批判性思维和动机，这些是他们未来在学校中取得成功所需的能力。

高瞻学前课程中的创造性艺术

关键发展指标（Key Developmental Indicators，KDIs）描述的是一些可以在幼儿游戏中观察到的行为，这些行为反映了幼儿如何学习发展所必需的基本概念和技能。高瞻课程确定了8项课程内容领域中的58条关键发展指标。下面是艺术领域的关键发展指标。

40. 视觉艺术：幼儿以二维或三维艺术来表达、表征自己的观察、思考、想象和感受。

描述：儿童探索并使用一系列材料和工具来进行绘画和素描、泥塑和雕刻、建构和组装。幼儿根据艺术材料的特征（如形状、颜色和质地）来表现自己的想法。幼儿的表征和设计会从简单逐渐发展到复杂，从偶然发生发展到有意为之。

41. 音乐：幼儿用音乐表达与表征自己的观察、思考、想象和感受。

描述：幼儿通过唱歌、做动作、倾听和演奏乐器来探索、体验声音。幼儿用自己的嗓音进行试验，并创作歌曲，进行吟唱。幼儿能够探索一些音乐元素，并能够对这些元素做出反应，这些元素包括音高（高、低）、节拍（快、慢）、力度（强、弱），以及稳定拍。

42. 律动：幼儿用律动表达与表征自己的观察、思考、想象和感受。

描述：在音乐伴随下或在没有音乐伴随的情况下，幼儿移动全身或身体的某些部位进行探索。幼儿通过身体动作来对音乐的情绪和特征做出回应。

43. 假装游戏：幼儿通过假装游戏来表达与表征自己的观察、思考、想象和感受。

描述：幼儿模仿别人的行为，用某一物品代替另一物品，并基于自身兴趣和经验来扮演角色。幼儿用某个形象来代替游戏脚本中的角色（如，用玩具熊代替一个家人，彼此聊天）。随着时间的推移，幼儿的游戏主题会变得更为具体和复杂。

44. 艺术欣赏：幼儿欣赏创造性艺术。

描述：幼儿表达关于艺术作品的观点和偏好。幼儿知道自己喜欢或不喜欢哪些作品（如一幅画或一个音乐片段）和哪些艺术风格，并能简单地解释为什么。幼儿描述自己和其他艺术家创造出的效果，也已经发展出用于谈论艺术的词汇。

第2章 幼儿创造性艺术的发展

　　音乐、舞蹈、戏剧以及故事是人类学习传递信息、传统、习俗以及信仰的最古老的方式。人类学家已经在山洞中发现了乐器和舞蹈演员的图画。在美洲和非洲的原住民的语言词汇中，并没有代表艺术的单词，这是因为艺术是人类做的所有事情的一部分。儿童是天然的联系人（connectors），（他们）把艺术看作所做的所有事情的一部分。（Mimi Brodsky Chenfeld in an interview with Derry Koralek, 2010, p.10）

　　婴儿和学步儿通过感觉和行动来与世界建立联系。在上幼儿园前，儿童可以使用符号来代表他们对人、行为、事件以及想法的理解（Copple & Bredekamp, 2009）。这种逐渐发展的认知能力扩展了他们作为"创造者"和"吸收者"在艺术活动中的投入。本章总结了关于大脑发展与艺术之间的关系的最新研究，并提出了关于儿童创造艺术和欣赏艺术的能力发展的基本看法。在第4—8章的活动中，又分别提出了关于每一艺术领域（视觉艺术、音乐、律动、戏剧表演游戏以及艺术欣赏）早期发展的具体细节。关于儿童如何发展艺术知识和技能的更多信息请参见《创造性艺术：关键发展指标与支持性教学策略》[①]（*Creative Arts*）（Epstein, 2012）一书。

[①]　该书中文版已由教育科学出版社出版。——编辑注

大脑的发展与创造性艺术

大脑的发展影响着幼儿从事创造性艺术活动的方式。进而，艺术经验也影响着大脑的发展，并影响着儿童如何在学校中学习和表现。换句话说，洞察力、认知和情感在儿童心理的内部和底层是互相关联的。所以，当大脑中负责情感和思考的核心部分发展了，那么这些核心部分会决定儿童如何理解艺术，如何对艺术做出反应。婴儿和学步儿对视觉刺激、声音以及律动等的体验主要是由大脑中负责情感和感知的部分来决定的。尽管这些年幼的儿童不会把这种输入看作艺术活动，但是，他们是在艺术元素之间制造神经联结，这些艺术元素包括：颜色与形状、明亮的与暗的、音高、音量，以及律动方向和律动速度。例如，婴儿出生时不仅能识别出妈妈的声音和自己的母语，也能对在子宫中经常听到的旋律做出反应（扭头，朝向音乐传来的方向）（Dewar, 2013）。

随着幼儿的发展成熟，受早期经历和逐渐发展的在心中保存心理表象能力影响的神经通路会影响儿童的艺术体验。例如，教育家詹姆斯·卡特罗尔（James Catterall）曾说，当我们第一次听到巴松管的声音时，大脑中处理情感问题的部分就发出了是否喜欢这个声音的信号，具有自主权的神经系统就会对声音做出反应，第一次听到这个声音的新奇感可能会引发好奇心，让人想知道是什么东西产生了这个声音。当我们第二次听到巴松管的声音时，这个声音就会刺激与记忆和识别有关的神经通路，并可能产生更高级的认知分析，如把它与我们听到的其他声音进行比较。

不同的艺术体验会刺激大脑的

不同部分，进而影响早期学习（Sousa, 2006）。例如，音乐会让大脑的听觉和情感区域兴奋起来，并对乐音产生愉快的情绪体验，对不协调的声音产生不愉快的体验。幼儿很快就能学会分辨这些情绪。音乐似乎也能够影响大脑中与数学推理有关的区域，特别是时间和空间关系。舞蹈活跃了大脑中的动觉神经元和空间神经网；戏剧能够刺激负责口语和情感的神经网；视觉艺术能够激发帮助我们组织、保存和回顾记忆的神经系统。由于这些联系，所以当研究持续地发现早期艺术经验与社会性、学术性知识和技能发展之间的关系时，我们并不感到惊讶。在幼儿期，越多儿童接触到艺术，他们投入学习中的情感就会越深入，他们聚焦于任务的水平和坚持的水平就会越高，在合作学习上也会表现得更好。

艺术创作能力的发展

艺术的发展阶段并没有清晰的开始与结束（Taunton & Cobert, 2000）。儿童有时会进步，有时又会退步，很像成人艺术家在尝试新材料或新想法时的表现。然而，研究发现了四种具有普遍意义的发展（Epstein & Trimis, 2002）。

- **从偶然的或自发的表现到有意识的表现。** 年幼一点的儿童意外地做出了某件东西，然后决定它看起来像其他的什么东西。后来，这个顺序会反过来。开始时，儿童在头脑中想出了具体的形象，然后找到材料或做出律动以符合他们的心理表象。例如，一个年幼的儿童在地板上翻滚，然后说："嘿！我正在像球一样活动。"一个年长一点的儿童则可能说："我要变成一个球。看我跳上跳下。"当然，在任何阶段，"幸福的意外"都会激励起创造性。

- **从简单模式到复杂模式。** 开始，儿童的绘画、歌曲、律动或假装游戏情境中会包含一两项细节。后来，当能够在大脑中储存更多特征时，他们的表现会变得具有更多细节。例如，一名假装自己是个婴儿的年幼儿童可能边走边模仿"哇！哇！"的哭声。扮演同一个角色的年长儿童则可能扭来扭去并做鬼脸，到处爬行，吸吮奶瓶，以及（或）爬出去以被抱回。

- **从随机到深思熟虑。** 当儿童第一次探索艺术媒介时，触摸、倾听或做律动所带来的纯粹的快乐让他们感到极大的满足。后来，随着越来越能够控制材料和工具，他们的想象和行动越来越有目的。例如，随便画的线和涂鸦变成了图形。儿童不再随机地制造声音，而是试图发出具体的音高（音符），或者用经过思考的圆形或锯齿形模式来代替毫无章法的律动。

- **从无关因素到产生关系。** 儿童越来越意识到，符号、声音以及律动是以某种形式相互关联的。那些随意画在页面上的符号组成了彼此相连的线的轨迹。把单个音符串联在一起就谱写出了曲调。在一个碗中，将各种东西混在一起就生出了制作食物和开饭馆的想法。审美也开始进入儿童的艺术决定中。例如，儿童让一种颜色挨着另一种是因为这样"看起来很美"。或者，在听到慢速音乐时他们选择滑步，而听到快速音乐时他们会轻摇身体。这些艺术表现反映了儿童正在发展中的艺术欣赏能力。

艺术欣赏能力的发展

艺术欣赏的发展阶段通常是由一些著名的认知心理学家来划分的，比如皮亚杰（Jean Piaget, 1926/1959）或迈克尔·帕森斯（Machael Parsons, 1987），也有一些来自近年来关于儿童如何建构知识的研究（Bodrova & Leong, 2007）。尽管理论专家们的观点在具体细节上各不相同，但他们通常都把儿童的审美发展概括为三种水平。

- **感知水平。** 最年幼的儿童更喜欢能够吸引其感官注意的抽象图画和作品。他们喜欢对明亮的色彩差异和明显的模式，对带有强烈节拍的音乐，对带有主动动作的律动，对具有清晰性格特征的角色做出反应。这一阶段的儿童是通过情感来对艺术进行回应的，他们通常不能解释为什么喜欢某件东西，并且，通常他们的注意力容易被某一细节所吸引，而不考虑艺术作品的其他方面。一种艺术形式（如绘画）会与其他形式（如摄影）相互交织。
- **具体形象水平。** 当儿童能够感知符号时，他们的选择更多开始依赖于主题。他们喜欢包含着与自己相关的想法并用简单真实的方式来描绘的艺术作品。处于这个中期阶段的儿童也发展出了关于美的最初概念，但这种概念仍与主题是否能够吸引他们相关。他们把艺术的目的看作是讲述关于真实的人

与事件的"故事"——通过图像、声音或律动。在这个阶段，儿童也能够根据所用媒材来为艺术分类（绘画对雕塑，弦乐器对号角，芭蕾对爵士），但是他们不一定会使用成人使用的术语（例如，他们可能把雕塑叫作"塑像"），并且他们已经对时间有所理解。他们可能会说出视觉图像、音乐风格或服装来自很久以前还是现在，或是否属于未来。

- **表达水平。**在幼儿园晚期或学前班早期，儿童开始从艺术家的视角来思考艺术作品，例如，艺术家在试图表达什么，或艺术家为什么选择某种颜色、速度或律动。尽管年龄稍长的儿童仍然更喜欢现实主义作品，但他们也显示出对细微的艺术效果和复杂作品的兴趣。他们也更加意识到作品各自不同的艺术风格，以及个人的信仰和文化对艺术家的作品的影响。进而，年长的儿童能够解释自己的艺术喜好，并能为之辩护。

从发展的角度来看，非常明确的一点是，把艺术整合进早期教育课程有利于儿童的感知觉、健康、社会—情感、语言以及认知等的发展。此外艺术还有一项额外的价值，研究持续显示，当艺术成为核心课程的一部分时，家长会越来越多地参与儿童的学习；在为儿童规划艺术经验时，教师会越来越多地进行合作，教学会更加积极且更具有操作性，对儿童的评价也会更加多样（Sousa, 2006）。也许这是因为，无论背景如何，家长和教育者本身都是跟艺术相通的。他们认可艺术可能支持幼儿的学习。结果，同一项研究发现，成人对儿童在所有领域的学习都抱有很高的期待。在接下来的章节中，我们将一起观察一些基本教学策略，以将艺术整合进学前课堂，支持儿童参与艺术学习。

第3章 支持创造性艺术活动的
基本教学策略

除了关注课堂的规模或安排（以整合艺术）外，第一件事是相信你所做的是很重要的信仰和精神。并且，我们必须创造一个安全的、有爱的、值得信任的环境。它必须是你的呼吸的一部分，而不仅仅是你在星期三做的事而已。（Mimi Brodsky Chenfeld in D.Koralek, 2010, p.11）

在描述艺术的发展适宜性时，科普尔和布雷德坎普（Copple & Bredekamp, 2009）强调在日常生活中引导儿童认识"进行创造性表达和审美欣赏"的重要性（p.175）。本章解释了鹰架的支持性策略，总结了教师在建立学习环境和一日常规时可以使用的其他策略，以此来确保艺术出现在每一天的活动中，而不仅仅是偶然事件。我们也突出强调把多元文化整合进艺术课程中，本章有几个部分是关于如何为有特殊需要

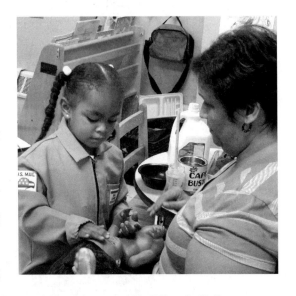

的儿童和双语学习者（DLLs）选择学习材料和活动的。除了下面呈现的一般性艺术教学策略外，在接下来的第4—8章中，也将讨论关于视觉艺术、音乐、律动、戏剧表演游戏以及艺术欣赏的具体教学策略和选择。（关于支持创造性艺术的教学策略的更进一步信息，见 Epstein, 2012。）

鹰架策略

在成人用各种策略来支持儿童时，他们会在适当的地方使用鹰架策略。高瞻课程用术语"鹰架"（Scaffolding）来形容成人支持并适度地扩展儿童思维和推理的过程。"鹰架"一词是在心理学家利维·维果斯基（Lev Vygotsky, 1978）的研究基础上，由发展心理学家杰罗姆·布鲁纳（Jerome Bruner, 1986）提出的。维果斯基用"最近发展区"来指代儿童能够独立完成的与在成人或其他发展程度更高的儿童的帮助下所能达到的之间的区域。高瞻的教师们细心地观察着儿童，所以他们知道什么时候以及怎样进入这个区域。在即将前进到下一阶段前，儿童必须感到安全，并对自己的所知感到自信。当高瞻课程说成人支持并适度地扩展儿童的学习时，这意味着成人首先要确认或支持儿童已经知道的，然后，在正确的时间内，适度地鼓励儿童扩展他们的思维，以达到下一阶段。

例如，在语言与读写领域，当儿童在学习词汇时，教师可以通过提供新物品或行为的名称（如"球体"或"旋转"）来支持儿童。教师可以通过增加描述来适度地扩展已经知道这些名称的儿童的学习，例如，"蓝绿色的球体"或"快速

地旋转"。在创造性艺术领域，如果要为一名刚刚开始探索手指画的儿童提供鹰架支持，教师可通过和他或她一起工作，模仿他（她）使用材料的方式（如用手指点）来支持他（她）。为了适度地扩展儿童的学习，教师可以为儿童提供工具，如海绵，一起来尝试绘画。

在本书的第 4—8 章，你将发现针对每一类活动的具体的鹰架建议。这些教学建议都根据所支持的具体活动进行了调整，读者可以在活动的中间部分教学指导表格中找到。

鹰架表格

在本章的最后，读者能够找到关于这 5 个艺术领域的一般鹰架策略表。每一个表格都描述了儿童在发展的早、中、晚期的言行，以及成人可以怎样提供鹰架（以支持并适度地扩展）儿童在每一水平上的学习。在心里记住这些综合性的策略，并把它们应用到所描述的具体活动中去。例如，处于早期阶段的儿童可以通过探索材料来开始活动，特别是如果这是他们第一次使用这些材料。根据领域和活动的不同，探索也包括把手放进颜料中，在地板上滚鼓，或在拳头里捏彩色纸带。

通过学习环境来支持艺术

用下面的策略来创造的学习环境可以鼓励幼儿带着好奇、自信以及逐步发展的控制感来探索艺术。

为儿童提供结果开放的艺术材料和经验

当儿童摆弄能够以不同方式来使用的材料时，当他们探索建立在自己的兴趣基础上的行为和想法时，儿童的成长最快速。非艺术材料也能帮助儿童发展精细动作能力、手眼协调能力，这些能力可以被应用于创造性艺术活动中。拥有各种不同的材料和工具以及使用这些材料和工具的感知能力、精细动作能力，让儿童能够更加自信、更少挫折地实现自己的艺术构思。

教育咨询顾问瓦尔特·德鲁（Walter Drew）和巴基·兰金（Baji Rankin）强

调，结果开放的材料和经验让儿童把艺术与自己的生活相联系。这些联系使艺术具有了意义，并带来真实的艺术表达和真正的创造。当儿童为艺术材料分类时，当他们操作并发现这些材料的可能性时，他们表现得像科学家和工程师一样。"这项工作的关键是教师既要尊重儿童，也要尊重材料。结果开放的材料特别有效，这是因为它们没有被预先决定该怎样使用。"（Drew & Rankin，2005）然而，仅仅是提供有趣的、多样的材料并不够。成人需要有目的地与儿童交流，有目的地规划一些活动，帮助儿童发现、反思内嵌在创造性艺术活动中的认知与社会性发展的可能性。

建立一种支持为了创造而冒险、强调过程而非结果的氛围

艺术创造和欣赏都取决于是否有探索的自由和愿意承担情感风险的自信。当儿童感觉到了支持，并相信不会因为自己的言行而受到批判时，他们的艺术创造

性最高。要把儿童创造某件东西的尝试或说出自己的艺术观点的做法看作是一种学习经历，而不是失败。永远不要表扬儿童的作品"非常漂亮"，也不要事后猜测儿童的艺术选择或观点，这可能导致儿童为了寻求奖励而"安全地"玩，或者由于担心正确性、不同意见或嘲弄，而不敢表达自己的观点。

　　为了建立一种支持性的氛围，教师要强调努力的过程而非结果。你可能也需要逐步向家长和学校管理者解释，为什么要求儿童创造出某种特定的完成品实际上会事与愿违。要抵制把"经过修饰的"艺术作品挂在走廊中或放在家中的冰箱上的压力。不要诱惑学前儿童在成人为了评价而搭建的表演舞台上扮演"经过彩排的"角色。相反，教师要指出，当儿童探索材料、尝试演唱和律动时，他们究竟学到了什么，儿童只表演用来满足自己和自己的好奇心的剧本。

在儿童的家庭和社区文化中使用艺术表格

　　在来到幼儿园前，儿童已经在家庭、社区以及更广泛的文化中体验过艺术。所以，在学校的课程中整合并扩展他们的艺术经验是很自然的事（Wardle & Cruz-Janzen, 2004）。要深化儿童与艺术的接触，特别是要以能够支持其多元背景的方式来让他们与艺术接触，在创设教室环境时，在日常陈设、材料以及活动中要包含不同媒介形式的有代表性的作品。

把艺术带进教室的方式很多，包括陈列精美艺术作品的复制品，把不同音乐类型和律动风格整合进大组活动、过渡活动，邀请社区中的艺术家来参观或带孩子去他们的工作室，到画廊、博物馆、为儿童举办的演出以及公开的艺术展上进行实地考察。教师也可以联络当地的艺术团体，找到特别适合学前儿童的艺术资源，并与这些团体的工作人员一起工作，以确保他们了解你所带班级儿童的兴趣和发展水平。鼓励家长分享他们的兴趣与天赋。他们可能会非常愿意借出自己的艺术作品或唱片在班上使用。鼓励儿童讨论这些东西在家中都是用于哪儿、怎样使用。

工作在进行中

当工作时间即将结束，而儿童仍有工作亟待完成时，要让他们知道，他们可以在自己的作品上放一个"工作在进行中"标志，让其他人知道这件作品不能被破坏，在随后的时间还要继续完成它。这个标志可以是在一只手的图像上画一道斜杠，告诉别人"不要碰它"。这个标志也可以帮助儿童学习使用"不""不要"的概念。

通过一日常规支持艺术

为小组活动和大组活动规划具体的活动会帮助教师有意识地把创造性艺术整合进机构课程。然而，你还可以使用其他一些策略来保证幼儿把艺术看作一日生活的一部分。除了大组活动时间外，在欢迎和欢送幼儿，创建公告板，帮助儿童进行计划，用鹰架支持儿童在工作（选择）时间学习，跟儿童一起回顾，与儿童一起在户外玩，与儿童分享午餐、点心，以及帮助儿童过渡到新活动时，也可以尝试一下下面的做法。

鼓励儿童通过艺术来表达真实的和想象的体验

幼儿会用各种艺术媒介来表现熟悉的物品、人、地点和事件。他们进行绘画，模仿别人的声音和律动，创作假装游戏脚本。尽管儿童天生会根据这些真实的、想象的条件来创造艺术，但如果没有成人支持他们扩展思路，实际上他们的游戏和对材料的使用常常是刻板的，缺乏变化的（Kindler, 1995）。为了帮助儿童扩展他们的材料、行动和想法，教师可以尝试如下方法。

- 在小组活动时间，重新阅读一本喜欢的书，然后建议儿童使用你提供的艺术材料创编自己的故事或想法。
- 在大组活动时间，为儿童提供机会，让他们重新创造熟悉的、想象的律动（例如，有大长腿的大怪兽的律动）。教师演奏不同类型的音乐，然后建议儿童按照音乐的音量或节奏像各种动物一样移动。
- 在过渡时间，鼓励儿童"假装"是别的东西或别的人（例如三轮车或熟睡的孩子），移动到下一项活动。
- 带儿童进行实地考察，扩展他们的经验，并鼓励儿童表现自己所做、所看、所听、所感、所闻以及所尝到的东西。
- 为身处室内、室外的儿童拍照，和儿童讨论伴随其活动的情景、声音和律动。鼓励儿童在大组活动时间，用你在工作（选择）时间提供的材料来表现这些。

建立一日常规的环节

高瞻一日常规的时间段指的是一个过程，或一个空间，而不是具体的内容，因为内容是由儿童和成人共同创建的。例如，下面是关于在秋天巴卢夫人（Mrs. Ballou）、安德鲁斯先生（Mr. Andrews）是如何与儿童一起把律动经验整合进一日常规中的。

问候时间——马克斯（Max）向巴卢夫人展示他怎样爬到了梯子上，然后跳到了他的新双层床上。巴卢夫人和其他儿童模仿他的行为——伸出手，够到梯子，抬起腿，假装爬梯。

公告板——观察巴卢夫人的画，然后儿童猜到户外仓库里有一个新的三轮车。"我知道怎样骑。"吉娜（Gina）说，并用胳膊展示动作。

计划时间——做计划之前，安德鲁先生与将要跟他一起进行计划的小组一起做了一辆"火车"，然后乘着"火车"从一个区域走到另一个区域，来看看到底有哪些选择。

工作时间——娃娃家中的儿童已经"卖了"他们的"房子"。他们把各种家庭用品装满一个大纸箱，然后一下子把整个纸箱的东西都推到了"新房子"中。

回顾时间——安德鲁先生以稳定的节拍轻拍膝盖，然后以吟诵的方式开始进行回顾："我今天玩了积木。这是我必须告诉大家的。我把它们建得很高，这就是我所做的。现在轮到皮特了，他做了什么并且还做得这么好？"

小组时间——巴卢夫人和本组幼儿一起，用积木为玩具翻滚侏儒搭建了一个障碍赛道。她听到孩子们告诉侏儒该去哪里，该沿着赛道做什么："上去，上去，上到这边来。然后下到这个底部，就这儿。"索菲亚（Sophia）对她的侏儒说。

过渡时间——在把所有小组时间使用的材料收拾好之后，儿童们像侏儒一样"翻滚着"进入下一项活动。

大组活动时间——每名儿童和成人都有一个带盖子的塑料奶瓶，里面装了一部分水。他们挥舞着这个瓶子，推这个瓶子，并用不同方式来携带瓶子。每个人似乎都有新想法要展示。

点心时间——在点心时间，儿童倾倒自己的果汁，用勺子舀出蔬菜沙拉，互相传递水罐和沙拉碗。在这个过程中，儿童们练习使用自己的精细动作能力。

休息时间——儿童在自己的小床上安顿下来后，安德鲁先生让他们闭上眼睛，然后请他们像轻风一样，像轻柔落地的雨滴一样，像鸟儿从家飞到巢里一样，像小熊结束漫长的冬眠后伸展身体一样，晃动胳膊或腿。

和儿童讨论艺术

儿童用来描述材料、声音以及行为（如"红色""大声的""快的"）的很多词语都可以用于讨论艺术。教师要鼓励儿童用他们自己的话来告诉你他们发明的视觉艺术活动、音乐活动、律动活动或假装游戏活动。尽管过多的评论或提问可能会打断对话，但是，在恰当的时间进行点评或询问会引导出一段令人满意的交流。深思熟虑的评论和发散性的或答案开放的问题会让儿童思考材料和行为，描述自己的选择，反思创造过程本身（Burton, 2000）。例如，你可以说："我想知道你是怎样做的那个。"或者："你觉得什么东西会让这个声音比那个更大？"儿童会逐渐知道，在艺术中，没有所谓的"失败"。相反，艺术只是尝试不同的解决方法，直到找到一种让他们愉悦的方法。

有特殊需要儿童的适应问题

创造性艺术应该是所有儿童的教育经验中一个必不可少的组成部分。当我们让所有具有不同能力的儿童都参与艺术活动时，他们会学习欣赏人、材料以及艺术形式等的多样性（West, 2005）。对那些不能用词语来表达的儿童来说，艺术让他们能够展示自己的内在以及想法。

个别化教育（Individualized Education Program, IEP）的目标可以被轻松地嵌入创造活动中。例如，视觉艺术材料和工具能够促进精细动作的发展以及手眼协调能力的发展。全身运动能够促进大肌肉动作的发展，如平衡动作。演唱会提高读写能力，如区分声音和音节之间的听觉差异。同时，戏剧表演能够支持语言的发展，特别是能够帮助儿童学习新的口语词汇。有特殊需要的儿童也需要更多的时间来完成活动，所以教师要确保在做计划和设计日程时考虑这一需要。教师要鼓励所有儿童互相帮助以获得材料、实现自己的想法、清理环境、过渡到艺术活动，以及从艺术活动过渡到其他活动。

下面的适应措施不仅让有特殊需要的儿童参与艺术活动的机会最大化，而且许多措施也能够帮助正常儿童获得发展。特殊教育专家琳达·克里恩·米切尔

（Linda Crane Mitchell, 2005）把这一过程叫作创造**最好的**（MOST）(materials, objectives, space, and time）艺术活动。你只需要把这一过程看作是让每个人都感受到创造性愉悦。（关于有特殊需要儿童的适应性材料以及适应性活动的额外信息，参见 Epstein & Hohmann，2012，pp. 187-188，也可以参见本书第4—8章具体领域的适应问题。）

如何改变材料

- 用词语和图为材料贴标签。

- 鼓励用其他方法来使用材料（如，为对某种物质过敏的儿童提供橡胶手套）。

- 稳定材料，防止滑动或掉落（如，固定画架，把纸粘在桌子上）。

- 增加视觉、嗅觉以及触觉刺激（如，让教室中的家具颜色明亮、对比鲜明；使用带有香味的颜料和橡皮泥；在故事书中粘贴不同质地的材料，如布质色板和小物件）。

- 提供多种方式的指导，包括视觉方式（展示、步骤图）和语言方式（解释、按步骤且有节奏地吟诵）。

· 提供放大镜、扩音器及其他辅助设备。

如何改变空间

· 创设空间足够大的专门艺术区，用以收纳可移动的自适应设备。

· 让空间允许（需要移动设备帮助和不需要帮助的）儿童一起工作。

· 事先让儿童熟悉空间，并让他们练习使用空间。

· 用视觉性符号语言或盲文为儿童提供移动揭示和通行提示。

· 增加听觉或触觉线索（如反光带、带垫子的缓冲垫），帮助儿童使用空间。

· 让儿童坐在紧邻教师或所展示材料并带有听觉或视觉限制的座位上。

· 需要时，升高或降低高度（如，削短桌腿或增加比较牢固的牵引装置）。

· 提供适用于轮椅的工作台（如，从墙边延伸出的折叠工作台，打开可以放在儿童的膝盖上）。

· 用靠垫或枕头来支撑无法坐立的儿童。

· 在墙上、大肌肉运动区边缘、家具边角等处加装缓冲器或垫子，以使儿童无须担心移动设备会撞到他们。

· 移除或拆下地毯。

艺术与支持双语学习者（DLLs）

对于双语学习者来说，创造性艺术能达成两个目的。首先，由于艺术学习不需要语言，所以能够让儿童通过其他媒介来表达自己的想法和情感。例如，儿童可以画出高兴的画，哼唱悲伤的曲调，或假装做最喜欢的食物。其次，参与艺术活动能够帮助母语非英语的儿童学习词语和语法规则。想要与同伴交流的愿望（无论是想要描述他们正在画的内容，还是参与假装游戏扮演）是非常强烈的动机，让儿童可以在支持性的环境中尝试他们的语言技能。教师可以使用下列策略来以艺术的方式帮助双语学习者。

鼓励儿童交流，无论使用何种语言

儿童对母语了解得越多，越能够更好地学习第二语言（Cheatham & Ro, 2010）。所以，当双语学习者参与艺术活动时，对他们来说，重要的是说和写，无论使用的是哪种语言。对教师来说，重要的是要认可他们的努力。

如果你不能流利地说班上儿童所使用的其他语言，你可以事先熟悉在讨论艺术问题时那些语言中经常使用的关键词。例如，学习普通的颜色和形状的名字，学习描述音乐品质（如"旋律""节奏"）的词汇、描述运动（如"跳跃""滑翔"）的术语，以及通常出现在假装游戏情境下的道具或动作的名称。在双语学习者使用这些词汇时，用儿童的母语重复这些词汇，并辅以相应的英文单词。（但不要过度，只是在儿童看起来比较乐于接受时不时地进行翻译。）如果可能，为不会说英语的儿童配一名双语伙伴，帮助双语学习者与拥有部分相同认同感的伙伴建立桥梁。

在小组活动期间，鼓励儿童用各种不同的形式——唱歌、阅读、讲来自儿童母语和英语的故事，来使用语言。鼓励儿童分享熟悉的歌曲、童话故事、在家中听到的韵律，鼓励儿童把这些教给你和他的同伴。这些练习强化了母语的保持，同时也促进了英语学习。整合各种音乐资源和故事资源也能够使儿童的家庭语言和文化更加生动，并能够帮助使用单一语言的同伴认识双语学习者所使用的单词和表达。

用假装游戏扩展双语学习者的词汇

假装游戏为双语学习者提供了一个机会，让他们可以把自己正在生成的语言技能与现有的其他非语言技能结合起来。例如，他们可以一边倾听或尝试提

出简单的要求（"把火熄灭"），一
边挥舞着"水管"熄灭火苗。那些
生来说英语的儿童通常会填补双语
学习者没有说出的单词，这提供了
一个天然的学习机会。伴随假装游
戏的英语结构和声调也为双语学习
者提供了一个机会去学习更多新词
汇。在假装游戏中当教师成为儿童
的伙伴时，他们会更进一步帮助这
些双语学习者学习第二语言的词汇
和结构。

用叙述来提高双语学习者的
流利程度

鼓励双语学习者倾听故事，然
后用自己的语言来讲故事。倾听故
事是一种不会对儿童构成威胁的、
安静的练习新的正在生成的英语能力的方式。当儿童准备好分享故事时，即使
还未掌握英语单词，他们也能够用手势来表达想法，同时教师和其他儿童会填
补缺失的单词。逐渐地，双语学习者开始一步一步地尝试使用新的语言，开始
时还混合着母语，然后模仿熟悉的英语单词和词组，最后用英语表达自己的想
法（Tabors, 2008）。

不要把"叙述"仅仅当作传统意义上的阅读或讲故事。叙述可以发生在一天
中的任何时候。例如，一项计划就是一个关于儿童将要做什么的"故事"。同样，
回顾是关于已经做了什么的故事。阅读公告板是讲述关于那一天将要发生什么的
故事。在入园时间或在离园之前，儿童也可能有想要分享的故事（在来园的路上
发生了什么事；离开幼儿园后他们将要到什么特别的地方去）。当儿童用橡皮泥
塑形、在鼓上敲打或随着音乐扭动时，如果成人能够描述儿童的行为，这也是对

儿童行为和实现其想法的材料的"叙述"。在儿童创造艺术和音乐、以创造性的方式来进行律动或角色扮演时陪伴在儿童身边，和儿童一起工作，这也会让成人体验到儿童的故事和想象。

最后，要让艺术适合所有发展水平、所有能力水平以及所有背景的儿童，最重要的是成人所表现出的态度。语言和行为"具有巨大的能量，可以唤醒儿童对材料的想象、观察、调查、探索、计划、应用、沉思以及反思"（Burton, 2000, p.330）。如果把艺术看作学习中最重要的部分，你就会把这些信仰传递给班上的儿童。然后，你就可以伴随着他们一起工作，你们一起向着未知的、让人期待的方向发展。

如何为"KDI40. 视觉艺术"提供鹰架支持

总是在幼儿当前的发展水平上支持他们，偶尔进行跨度不大的扩展。

早　期	中　期	后　期
幼儿可能	**幼儿可能**	**幼儿可能**
• 探索一两种材料的感官特征（如，压扁橡皮泥；感受"颜料是冷的"）。 • 以非典型的方式使用艺术材料和建构材料（如，堆积木；用手指涂抹颜料；把高尔夫球座砸进塑料泡沫中）。 • 不考虑表现某种物品，单纯地摆弄材料和工具（如，涂鸦；把橡皮泥揉成团）。	• 注意到材料或工具所产生的效果（如，使用宽刷子；说"你可以用这个刷子刷胖虫子"）。 • 制作具有一两种基本特征的物品（如，在一个圆上画上两个点表示眼睛，再画一条直线表示嘴巴，整个就构成了一个人；把两块积木堆在一起，代表"高房子"）。 • 意外创造出某种形象，然后认可它可以代表某些东西（如，把橡皮泥滚成圆木状；说："啊，这看起来像条蛇。"）。	• 用材料或工具的特征（如形状、颜色、质地）来代表某件东西或创造某种效果（如，用压蒜器把橡皮泥做成头发）。 • 用多处细节创造复杂的形象（如，画人时，人有一颗头、一副躯干、两条腿和两只胳膊；用橡皮泥做碗时，在碗里放了很多球作为浆果，并在碗里插了塑料勺子）。 • 有意识地表现某物（如，说"我准备画一条狗"，然后画了一个带有四条腿、一个尾巴的圆圈，圆圈带有狗的面部特征）。

续表

早　期	中　期	后　期
为了在当前发展水平上支持幼儿，成人可以 • 在幼儿旁边，和他们一起操作材料。 • 用材料和工具模仿幼儿的行为。 • 接受幼儿只对探索材料感兴趣，而对制作东西不感兴趣。	**为了在当前发展水平上支持幼儿，成人可以** • 评论幼儿用材料和工具创造出的效果（如，"宽刷子确实刷出了宽线。"）。 • 评论幼儿作品中的特征（如，"你画了一个圆，然后在它四周画了些点儿。"）。 • 认可幼儿所说的形象（如，"那个圆看起来像太阳。"）。	**为了在当前发展水平上支持幼儿，成人可以** • 认可幼儿用材料和工具创造出的某些效果（如，"压蒜器使橡皮泥看起来像头发。"）。 • 讨论幼儿在作品上添加的细节（如，"你把蓝色和绿色混在一起做眼睛。那头发呢？"）。 • 询问幼儿他们将要做什么以及怎样制作（如，"你的狗看起来像什么？你将怎样做？"）。
为了进行跨度不大的扩展，成人可以 • 逐步引入新材料和工具。 • 让幼儿描述他们做了什么，你同时做同样的事情（如，"告诉我，该怎样做一个跟你一样的标志？"）。 • 为你自己的作品贴个简单的标签（如，把橡皮泥球叫作"肉丸"）。	**为了进行跨度不大的扩展，成人可以** • 鼓励幼儿想象他们创造的效果（如，"你觉得用这个刷子会出现什么样的效果？"）。 • 好奇于幼儿还可以添加哪些其他细节（如，"我想知道，你还要在房子上添加别的什么吗？"）。 • 示范如何进行制作以及如何贴标签（如，"我准备做一艘宇宙飞船，要用这些长片做翅膀。"）。	**为了进行跨度不大的扩展，成人可以** • 为幼儿创造的作品提供艺术词汇（如，"增加白色会让蓝色变浅。"）。 • 鼓励幼儿观察真实物品，或许还可以添加些细节（如，如果他们想要增加更多面部特征，那么他们可以观察镜子中的自己）。 • 在小组时间，鼓励幼儿再现自己的经验（如，一次实地考察）（如果他们选择不参与，成人也不可强求）。

如何为"KDI41. 音乐"提供鹰架支持

总是在幼儿当前的发展水平上支持他们，偶尔进行跨度不大的扩展。

早　期	中　期	后　期
幼儿可能	**幼儿可能**	**幼儿可能**
• 倾听环境中的声音（如，一辆声音很大的卡车经过时，停下手中的工作）；使用教室中的材料（如陶罐、平底锅、汽车钥匙等）制造声音；尝试模仿声音（如，模仿路过的火警声音）。 • 观察（倾听）其他人的演唱，偶尔参与（如，跟随学唱，唱一个词或一个乐句）；能伴随音乐做一些律动。	• 为声音命名（如，"那是清理时间的铃声。"）；为玩的东西配音（如，汽车声音，布娃娃的哭声）；演奏不同的乐器。 • 能唱熟悉的简单歌曲（如，"划，划，划小船"）；能唱出歌曲副歌或合唱部分的所有歌词或大部分歌词（如《铃儿响叮当》的副歌）；能伴随音乐做出大部分的律动。	• 能描述环境中的声音（如，风能创造出嗖嗖声；雷声像要爆炸一样；直升飞机发出呼呼声）；体验到声音的特征，如快/慢、大声/柔声（如，用不同的东西来敲鼓，探索发声；填满摇晃器，倾听不同材料发出的声音）。 • 能唱复杂的歌曲；能唱合唱部分和几小节；游戏时能创作并演唱简单的歌曲（如，唱"睡觉吧宝贝，去睡觉"）。
为了在当前发展水平上支持幼儿，成人可以	**为了在当前发展水平上支持幼儿，成人可以**	**为了在当前发展水平上支持幼儿，成人可以**
• 把幼儿的注意力吸引到教室内外的声音上（如，"听！我听到了火车的汽笛声。"）；模仿幼儿制造出的声音（如，玩具、车辆和家里的物品发出的声音）。 • 全天和幼儿一起唱歌；鼓励幼儿参与，但如果他们选择倾听，也要予以接受。	• 鼓励幼儿为听到的声音命名；为幼儿提供能够演奏不同声音的乐器（如，铃鼓、木鱼、三角铁、节奏棒）。 • 把简单的歌曲放进班级歌曲集中；请幼儿选择唱哪些歌曲（如，"索尼娅，轮到你从歌曲集中选歌了。"）。	• 重复幼儿描述环境中的声音的词语。 • 替换歌曲中的歌词；为熟悉的曲调创编歌词 [如，用《你看到过一个小姑娘吗》(Did you ever see a Lassi) 的曲调唱下面的词：清理时间到了，去做清理吧，去做清理吧。]。

续表

早　期	中　期	后　期
为了进行跨度不大的扩展，成人可以	为了进行跨度不大的扩展，成人可以	为了进行跨度不大的扩展，成人可以
• 和幼儿一起猜环境中的声音；为幼儿提供制造声音的材料，让他们探索声音。 • 示范并鼓励幼儿唱一两个词语，表现游戏的地点（如，教师唱"你要去哪里"，幼儿回"娃娃家"），或者他们在做的事（如，在幼儿锤东西时，唱"叮咣、叮咣"）。	• 向幼儿介绍新的命名声音的单词（如，咣当，口哨声、嗡嗡声、呼呼声）。 • 在学年中逐渐引入更复杂的歌曲和手指游戏（如，带有两小节或更多律动的歌曲）。	• 评论幼儿在游戏中制造的声音（如，"你让你的火车边走边发出'咣当'声"）；鼓励幼儿创造其他声音（如，"我想知道，小宝宝在浴室中会发出什么样的声音？"）。 • 鼓励幼儿改编熟悉歌曲的歌词（如，"还有其他什么东西爬上了喷水口？"），并创作歌曲（如，"我们可以怎样唱'穿上你的外套'？"）。

如何为"KDI 42. 律动"提供鹰架支持

总是在幼儿当前的发展水平上支持他们，偶尔进行跨度不大的扩展。

早　期	中　期	后　期
幼儿可能	**幼儿可能**	**幼儿可能**
• 探索用身体或身体的部分来做律动。 • 独立于音乐的特征（速度或情绪）做身体律动（如，随慢速音乐快速地跑）。	• 用律动来简单表现自己的经验（如，像鸟一样拍打胳膊）。 • 用一两种与音乐有关的方式来律动（如，有节奏地行军走；配合生动的音乐跳上跳下）。	• 用律动来复杂地表现自己的经验（如，像随风飘舞的树叶那样旋转、前后摇摆）。 • 描述他们的律动怎样表现了音乐的特征（如，"我很慢地做律动，因为这是一首飘飘的音乐。"）。
为了在当前发展水平上支持幼儿，成人可以	**为了在当前发展水平上支持幼儿，成人可以**	**为了在当前发展水平上支持幼儿，成人可以**
• 除了大组活动和户外活动外，在全天活动中为幼儿提供机会来做身体律动。 • 为幼儿演奏不同类型的音乐，让幼儿配合音乐律动；接受并鼓励幼儿以他们想要的方式来配合音乐进行律动。	• 模仿幼儿富有表现力的律动（如，"我在像一只伤心的小狗一样做律动，像你一样。"）。 • 结合音乐描述自己和幼儿的律动（如，"当音乐变得轻柔时，我踮起脚尖走。""你正在配合活泼的音乐跳起来。"）。	• 描述幼儿复杂的律动（如，"你用手臂交叉，使劲跺脚，来表现怪兽是多么地生气！"）。 • 为幼儿提供不同的音乐风格（如，断奏的、流畅的、爵士的、华尔兹速度的；大调和小调的），让幼儿伴随音乐进行律动；描述音乐以及相伴随的律动（如，"这是一首怪异的音乐。所以我在地板上爬行。"）。

早 期	中 期	后 期
为了进行跨度不大的扩展，成人可以	为了进行跨度不大的扩展，成人可以	为了进行跨度不大的扩展，成人可以
• 命名自己以及幼儿的律动（如，"我在拍打我的胳膊。""你在伸展。"）。 • 模仿并描述其他幼儿是怎样配合音乐律动的（如，"我在像贾斯汀那样摇摆。"）。	• 鼓励幼儿以在工作时间或最近的其他活动中用过的方式来进行律动。 • 请幼儿描述自己的律动以及他们是如何与音乐相配合的（如，"音乐的什么特质使你想要那样进行律动？"）。	• 鼓励幼儿在一个想象的情境中律动（如，"在走到地毯的路上，让我们像地板上洒满了胶水一样走路。"；"熊爸爸是怎样走到餐桌旁的？"）。 • 请幼儿描述他们是怎样根据不同的音乐风格做不同律动的（如，"音乐变化时，你是怎样变化的？"）。

如何为"KDI 43. 假装游戏"提供鹰架支持

总是在幼儿当前的发展水平上支持他们，偶尔进行跨度不大的扩展。

早　期	中　期	后　期
幼儿可能	**幼儿可能**	**幼儿可能**
• 假装成一个生活中熟悉的真实的人物、动物或物体（如，像猫一样爬行；像发动机一样呼呼叫）。 • 用一物品来代替其他相似的物品（如，假装一块小积木是一个手机）。 • 独自玩假装游戏（如，模仿卡车的噪音，同时让卡车在斜坡上上上下下；伸开胳膊，像飞机一样飞）。	• 假装是故事、歌曲或童谣中的角色 [如，《玛菲特小姐》(Little Miss Muffet) 中的蜘蛛]，或某种情境中的某类角色（如，一个正在喂宝宝的爸爸或妈妈）。 • 在与人或动物角色玩耍时，用角色的声音来说话（如，用很高的吱吱声来表现老鼠）；赋予角色或物品以生命（如，让飞机飞）。 • 和其他幼儿一起进行简单的假装游戏（如，一起假装成马；一起假装成消防员）。	• 假装成一个角色或扮演想象的角色（如，"我是雏菊小仙女，把鲜花给了生病的宝宝。"）。 • 在游戏过程中自己制作道具（如，制作带通气管的水下呼吸装置，用牛奶壶做成氧气罐，用安全眼镜做成游泳面罩，在鞋两边粘上纸做成脚蹼）。 • 和他人一起投入复杂的游戏情境；脱离游戏角色来澄清问题或给出游戏方向，然后再返回到游戏中 [如，说："让我们加入一个生病的宝宝吧。玛拉索，你是医生。好了，宝宝，妈妈现在带你去看医生。"然后摇晃并把布娃娃递给玛拉索]。

早 期	中 期	后 期
为了在当前发展水平上支持幼儿，成人可以	**为了在当前发展水平上支持幼儿，成人可以**	**为了在当前发展水平上支持幼儿，成人可以**
• 和幼儿一起进行假装游戏；模仿幼儿的言行（如，像猫一样喵喵叫）。 • 像幼儿一样，用道具代替真实的物品（如，像转方向盘一样转盘子）。 • 与幼儿一起进行平行游戏。	• 通过角色和幼儿互动。 • 使用和幼儿相似的角色（如，用角色创建一个动物家庭；用不同的声音与木偶说话）。 • 认可两个一起玩的幼儿（如，在回顾时说："埃米利奥，我看到你和达里尔在扮演消防员。"）。	• 为了让幼儿能够充分开发假装游戏的细节，允许延长时间。 • 为幼儿提供材料，用于制造道具。 • 请幼儿来分配游戏角色（如，"好，我扮演救护车司机。告诉我做什么吧。"）。
为了进行跨度不大的扩展，成人可以	**为了进行跨度不大的扩展，成人可以**	**为了进行跨度不大的扩展，成人可以**
• 问问幼儿他们会模仿的真实人物、动物以及物品的其他特征（如，"你的卡车能发出其他声音吗？"）。 • 示范用其他材料来代表或做出熟悉的物品（如，"我们可以用这块积木来做桌子。"）。 • 引导幼儿关注正在假扮同样事物的其他人（如，"杰伦正在用卡车赛车，他也在发出呜呜声。"）。	• 鼓励幼儿为他们的角色增加细节（如，"爸爸还做其他什么事呢？"）。 • 不动声色地让角色尝试其他声音或动作，但如果幼儿不接受，就要收回（如，"我的飞机需要降落。我需要找到一个机场。"）。 • 鼓励幼儿向其他人描述自己的假装游戏行动（如，"达里尔，你能告诉派特你和埃米利奥是怎样扑灭火的吗？"）。	• 鼓励幼儿想象其他场景（如，"如果没有更多生病的宝宝来给雏菊小仙女治疗，她该怎么办？"）。 • 允许幼儿用自己制作的道具来探索更多游戏选择（如，提供储存和进程中的标记；在计划时间，提醒幼儿先前玩过哪些游戏）。 • 不断为幼儿提供机会和材料，让他们能够持续丰富自己的游戏想法。

如何为"KDI 44. 艺术欣赏"提供鹰架支持

总是在幼儿当前的发展水平上支持他们，偶尔进行跨度不大的扩展。

早　期	中　期	后　期
幼儿可能	**幼儿可能**	**幼儿可能**
• 没有表现出审美偏好；没有说明喜欢什么或不喜欢什么（如，从歌曲集第 1 页中选择歌曲；用蓝色画画，因为那是桌子上最靠近他们的颜色）。	• 表现出了审美偏好，但不能说出为什么喜欢（或不喜欢）某物（如，"我喜欢紫色的那个。""《小星星》是我最喜欢的歌。"）。	• 说明审美偏好的原因（如，"蓝色是我最喜欢的颜色，因为它像湖水，我爸爸在湖里教我游泳。""不是那本书。那些图太吓人了！我喜欢这本书。这些图有点傻里傻气的。"）。
• 观察或参与创造性艺术活动，但并没有关注活动中的艺术元素（如，观察一幅画，但没有评论画上的图形或颜色）。	• 描述一种艺术元素，如颜色或速度（如，"它是红色的。""这是一首快歌。"）；关注内容而非艺术风格（如，"那是一张关于狗的图片。""艾菲在假装滑冰。"）。	• 描述艺术风格和内容方面的几种艺术特征（如，"这是一个边缘模糊的红色圆圈。"）；说出自己的艺术作品所表达的内容（如，"这首音乐让我很愤怒，所以我在跺脚。"）。

早 期	中 期	后 期
为了在当前发展水平上支持幼儿，成人可以	**为了在当前发展水平上支持幼儿，成人可以**	**为了在当前发展水平上支持幼儿，成人可以**
· 接受幼儿可能没有审美偏好的事实（如，"你喜欢所有这三首诗。"）。 · 为幼儿提供不同类型的有趣的艺术作品，供其欣赏；提供不同类型的音乐片段，供幼儿倾听。	· 不带判断或比较地肯定幼儿的审美选择（如，"我们中的一些小朋友喜欢随着快速的音乐律动，其他人喜欢随着慢速的音乐律动。"）。 · 对吸引幼儿的所有艺术元素表现出兴趣（如，"中间是一个大大的绿方形！""这首音乐真的很快！""让我们一起试着模仿那个动作吧！"）。	· 认可幼儿偏好某种东西的原因（如，"你喜欢带有好笑但不吓人图画的书。"）。 · 请幼儿描述自己创作的艺术作品的内容和风格（如，"给我讲讲你画的线吧。""那样进行律动时，你把它叫作什么？"）。
为了进行跨度不大的扩展，成人可以	**为了进行跨度不大的扩展，成人可以**	**为了进行跨度不大的扩展，成人可以**
· 让幼儿接触各种媒介呈现的艺术风格，以使幼儿发现自己是否喜欢某种类型，以及喜欢什么。 · 评论艺术品可观察到的特征或音乐中能够被注意到的明显不同（如，"这幅画中有很多黄色。""这首音乐很慢。"）。	· 说出你为什么喜欢（或不喜欢）某物（如，"我喜欢这首音乐。它让我感到高兴。"）；鼓励幼儿说出为什么喜欢（或不喜欢）某物（如，"为什么你说这幅画让人讨厌？"）。 · 让幼儿互相分享自己的观察（如，"杰里米也在看同一幅画。我想知道他看到了什么。"）。	· 向幼儿提供不同类型的艺术品（如，艺术复制品；同一个画家创作的图书；同类型的音乐），让他们在其中发现自己喜欢的特质。 · 丰富幼儿描述艺术材料、工具、技术和风格的词汇（如，"当音乐这样跳跃时，被叫作'断奏'。"）；鼓励幼儿描述他人在艺术作品中所表达的内容（如，"你觉得艺术家为什么画这些复杂的线？"）。

第二部分
活动

本书的第二部分将为以下 5 个内容领域——视觉艺术（美术）、音乐、律动、假装游戏、艺术欣赏——每个领域提供 10 个活动案例。这些活动共同构成了高瞻课程创造性艺术领域的内容。

第 4 章 提供视觉艺术（美术）活动。

第 5 章 提供音乐活动。

第 6 章 提供律动活动。

第 7 章 提供假装游戏活动。

第 8 章 提供艺术欣赏活动。

活动导言

本书第4—8章提供的创造性艺术活动可用于处于不同发展水平的幼儿。要想让这些活动适用于有特殊需求的儿童以及英语学习者，请参见第3章所描述的一般性改编原则，在每一创造性艺术领域中也有一些具体的建议，这些建议写在了活动章节（第4—8章）的开头。为了充分适应不同的文化，本书也整合了很多艺术家的工作案例，并在这些章节的开头介绍了不同的艺术流派，同时还提供了不同文化中艺术家所使用的材料清单。

活动结构

为了帮助读者实施活动，本书还提供了如下信息。

活动名称：每个活动都被编了序号，并都有一个简短的描述性名称。

概述：简明地描述了活动的内容。

时段：描述活动出现在一日常规中的哪个环节。大部分活动出现在小组活动或大组活动时间，但也有一些活动用于计划时间、回顾时间、过渡时间、餐点时间、户外活动时间以及野外考察。

材料：描述完成活动所需要的材料，包括教师用材料和儿童用材料。一般来说，每个人都有自己的一套材料，但偶尔也会小组或全班分享材料。有时，活动需要的唯一的"材料"是人的身体。

课程内容：描述活动所发展的主要关键发展指标（KDIs），即视觉艺术、音乐、律动、假装（戏剧）游戏或艺术欣赏。如果恰当，其他发展领域或关键发展指标也会被列出。

**儿童观察评价系统升

级版（COR Advantage）：描述活动所培养的主要 COR 升级版条目。如果恰当，能够观察到的其他 COR 升级版条目也会被列出。

开始：提出建议，告诉读者如何把活动介绍给儿童，通常是简明的描述或展示。

过程：提出建议，告诉读者如何为活动中的学习提供鹰架支持，同时配有不同发展水平——早期、中期、后期——的案例。其他想法参见该领域的鹰架策略表，该表在第 3 章末尾。

结束：提出建议，告诉读者如何把活动引向结束，包括在活动结束前 5 分钟进行提醒（具体时间取决于需要花多长时间来进行清理；如果材料特别多或乱，需要多留出一些时间），和儿童一起把材料收拾好，用活动的某个方面来帮助儿童过渡到一日常规的下一环节。

后续活动：基于儿童的经验，描述后续活动和材料。

第4章 视觉艺术活动

这不是玩面团。这是雕塑。（引自 Wein, Keating, & Bigelow, 2008, p.78 中的学前儿童）

儿童视觉艺术能力的发展

实际上，发展的每个方面的变化都会影响儿童的视觉艺术创造能力。从认知能力上来说，由于学前儿童已经能在大脑中保存图像———一朵花、一个人、跑的动作，所以他们能够从两到三个维度来再现他们的观察。当儿童学会命名一些特征，如颜色、尺寸、质地时，他们会在选择和操作材料时使用这些知识。社会技能和情感技能的获得使得儿童能以绘画、雕塑、拼贴等方式来表达自己的情感。身体的发展，尤其是小肌肉技能的发展和手眼协调能力的发展，使得儿童能够越来越有控制地使用艺术材料和工具。

文化以及对文化的接触也会影响幼儿看待和创造艺术的方式。例如，一些宗教禁止在艺术作品和建筑作品中使用人的形象。相反，也有文化更强调几何模式或对自然的描绘。某种特定的颜色或设计元素可能主导了不同的地理或种族群体。在某种文化中，编织或珠饰品可能很常见，而在另一种文化中，雕刻或陶艺更为常见。一些儿童在他们的家中、社区中已经体验到了大量的艺术，另一些则在他们的日常生活中很少接触到艺术。所有这些因素都会影响幼儿对环境中的视觉艺术的发现以及创造艺术的能力。尽管存在这些差异，研究者还是确认了一些从学步儿晚期到小学早期艺术发展的典型步骤（Swann, 2008；Wright, 2003）。

- 首先，儿童认为艺术材料与其他物品没什么差别。例如，他们可能会滚蜡笔，会用画笔逗弄脸颊，或把东西插进黏土堆里。
- 接下来，儿童开始探索艺术材料和工具的特性。例如，他们发现蜡笔能在纸上画出标记，握笔的压力会影响笔毛画出的标记的类型，黏土可以被拍平，被压成球，或卷成管状。
- 儿童能够创造简单的物品，通常是偶然创造的（见第 2 章），并能根据一些可辨认的特征来命名或为这些物品贴标签。所以，一条歪歪扭扭的线可能是一条蛇，一滴颜料可能被叫作雨滴，一块扁平的黏土可以被当作比萨。

儿童通常会超出作品本身的样子描绘出艺术作品更多的细节，例如他们会说出比萨上的配料，即便黏土表面是平的。

· 儿童越来越关心自己作品的准确性，开始时表现的是基本特征，然后会添加很多真实的细节，所以，画蛇会要求厚度，后背花纹要有一定的规律，头上会带有一条伸向前的舌头。雨可能降落在一个包括一座带有门窗的房子、房前有树和花的场景中。嵌在黏土比萨上的东西可能包括红色念珠——代表意大利辣肠，或绿色的纸屑——代表胡椒，甚至比萨可能会被切成薄片。

在创造的每一阶段，儿童越来越了解艺术的本质及自己。"无论目的是真实描绘、讲故事、创造模式，或三者结合，儿童的视觉智力都是在工作中发展起来的。"（Soundy & Lee, 2013, p.71）进而，对幼儿来说，绘画也是学习书写的第一阶段。视觉艺术是一种非常容易接近的语言，可以用来描述儿童的经验，表达他们的想法。

支持视觉艺术的材料和装备

用下列装备和材料来装饰教室和户外区域将帮助学前儿童探索各种二维和三维的艺术形式。

· 水源（室内水池，户外龙头）；

· 工作服或绘画用的衬衣；

· 海绵，毛巾，报纸；

· 包括画架、墙、花、木制平台、剪贴夹、人行道的地面；

· 紧固件（订书器、剪刀、打孔器、胶水、回形针、弹力带、毛根、绳子）；

· 不同颜色、尺寸、质地的纸；

· 颜料（蛋彩画颜料，水彩，几种主要颜色，如红色、黄色、蓝色以及黑色、白色水性颜料）；

· 颜料泵；

· 不同宽度且带有平的、锥形刷尾的颜料刷；

- 油漆滚子；

- 蜡笔（包括一系列接近肤色的颜色）；

- 彩色铅笔；

- 不同粗细的马克笔；

- 粉笔、炭画笔、油画棒；

- 印台和邮票、贴纸；

- 黏土模型；

- 橡皮泥；

- 蜂蜡；

- 沙子；

- 塑形工具（擀面杖，木钉，饼干模，玉米粉圆饼机，压蒜器，不同形状和大小的模子及容器）；

- 拼贴材料（木屑，布头，纱线，色带，羽毛，念珠，纽扣，闪光装饰片，天然材料，如贝壳、细树枝、树叶、卵石、松果）；

- 织布机，链状栅栏。

关于视觉艺术材料的其他想法，参见《高瞻学前课程模式》[①]（*The HighScope Preschool Curriculum*, Epstein & Hohmann，2012，第 6 章，pp.171-221）。

支持视觉艺术的教学策略

为了培育并支持幼儿对视觉艺术的兴趣，你可以在一日常规中使用如下策略。

在学习环境中提供各类视觉艺术案例

除了绘画和雕塑，教师也要让幼儿意识到日常物品的艺术性，比如陶碗、针织围巾，或手工雕刻的工具。教师还要向幼儿指出大自然中的美，具体包括光、影的相互作用，院子里各种绿植的树荫，或门上铰链的设计。教师要确保整间教

---

① 该书中文版即将由教育科学出版社出版。——编辑注

室中的作品能够代表你身边的儿童和家庭的多样性。例如，在表演区，选择不同的布料和图案设计；在图书区，选择来自世界各国的艺术家的作品进行展示。

给予儿童充分的时间去深度探索艺术材料和工具

尽管让幼儿大量接触开放性的艺术材料很重要，但也不要一次性提供太多材料给他们。在引入新的材料之前，要允许幼儿探索每一种材料，可以先独立探索，然后用工具进行探索。例如，可以为儿童提供一种主要颜色（如红色、蓝色或黄色），并配一些白色和黑色，然后再提供另一种颜色来进行混合。同样，在提供给学前儿童大量模具之前，可以鼓励他们用双手体验橡皮泥，用橡皮泥塑形，这类活动可以进行几天，或者在几次小组活动时间内进行。如果儿童有时间熟悉材料，他们就会产生很多创造性地使用材料的想法。

展示儿童的艺术作品并把作品带回家

学前儿童喜欢与他人分享自己的作品，也愿意欣赏同伴创造的作品。教师可以在墙上布置一些空间，准备一些架子和底座，在儿童视线的高度展示他们的作品。教师要鼓励儿童在放学和上学的接送时间向父母描述自己的作品，重点要强调作品是怎样做出来的，而不是最后的成果是什么。让儿童把作品带回家，这样家长可以骄傲地展示它们，并把它们放在显著的位置上。

关于在幼儿园支持视觉艺术的教学策略的更多信息，请参见爱泼斯坦的著作（Epstein, 2012, Chapter 3）。

在视觉艺术中考虑文化多样性

艺术是一种通用语言，它让具有不同背景的人们相互交流。教师可以使用在线资源和当地图书馆内的资源，以发现更多与所在幼儿园中儿童的历史相似的视觉艺术信息。也可以使用带有图画的图书来让幼儿熟悉来自全世界的艺术家和艺术风格。请家长说出他们崇拜的艺术家或艺术风格，以及（或）他们在家模仿过其作品的艺术家。艺术也是一种很好的工具，可以让学前儿童接触与自己不同的人、背景以及文化实践。为儿童找一些表现不同生活方式的艺术书和艺术复制品。下面提供了一些建议，可以用来区分儿童在幼儿园可能遇到的各种艺术家、艺术风格和媒介材料。在此基础上，让儿童去熟悉一系列艺术形式以及他们所创造的男人、女人。

艺术家。你可以讨论下列艺术家，并展示这些艺术家的作品，具体包括：罗马勒·比尔敦（Romare Bearden）（非裔美国画家）、达伍德·拜伊（Dawoud Bey）（非裔美国摄影家）、贝聿铭（亚裔美国建筑家）、林樱（华裔美国建筑师）、艾尔·安纳祖（El Anatsui）（尼日利亚拼贴画家）、迭戈·里维拉（Dieago Rivera）（墨西哥壁画家）、佛里达·卡罗（Frida Kahlo）（墨西哥画家）、扎哈·哈迪德（Zaha Hadid）（伊拉克出生的建筑家）、野口勇（日裔美国雕刻师、景观设计师）、哈维·普拉特（Harvey Pratty）（美国原住民画家、雕刻家）、泰瑞·格里弗斯（Teri Greeves）（美国原住民珠饰设计者）。

艺术风格。下面是教师可以介绍给儿童的艺术风格，这些艺术风格共同反映了文化以及影响力的多样性，具体包括：中国书法、日本绘画、印尼蜡染、意大利陶器、纳瓦霍地毯、非洲面具、非洲木刻、美国原住民的羽毛作品和珠饰品、美国原住民的沙画、非洲被子、中东马赛克作品。

材料（媒介）。教师可以向儿童介绍下列材料，这些材料反映了不同文化中的艺术作品，具体包括：羽毛、羽毛管、珠子、沙子、炭画笔、钢笔和墨水、矿石粉（无毒的）、木块、镶嵌物（马赛克块）、纱线、拉菲草、刺绣线、可回收材料（可再利用的废旧材料）（要干净且边缘粗糙，或有害部分已经被去除）。

为有特殊需要的儿童选择艺术材料和活动

要想让有特殊需要的儿童能够充分参与视觉艺术活动，可以尝试下面的想法。

- 提供更容易握和操控的替代材料（如，自适应剪刀、大号画刷、带尼龙搭扣的胶棒）。
- 用纸胶带缠住画笔柄和蜡笔，或在小橡皮球上开一个切口，把笔杆塞进去，让画笔柄和蜡笔更容易抓握。

- 提供放大镜和聚光的物品（如手电筒），来强化视觉。
- 提供带香味的涂料和橡皮泥（如带香草、香料、烹饪调料提取物的涂料及橡皮泥），为儿童提供额外的感官刺激。
- 降低画架的高度，使之适合幼儿的身高。
- 把画板、雕刻板绑在轮椅的托盘上。
- 提供不易过敏的艺术材料。

为双语学习者（DLLs）提供视觉艺术材料和活动

视觉艺术不依赖语言，它反而是一种工具，可以帮助儿童用自己能接受的、富有表现力的英语技能来成长。对双语学习者，可以尝试使用以下建议。

- 鼓励幼儿用母语来命名、描述自己使用的视觉艺术材料和工具，同时告诉幼儿相应的英文表达。
- 用儿童在教室中使用的语言和英语为艺术材料、工具贴标签。
- 在视觉艺术活动中，鼓励双语学习者与说英语的儿童合作，分享自己的发现和想法，并互相帮助，解决问题。
- 以儿童在教室中使用的语言和英语来制作"工作在进行中"标志。
- 在视觉艺术活动中，让双语学习者与土生土长的英语儿童结伴。教师扮演翻译，帮助儿童理解并实施彼此的想法。要向双语学习者确认你真的正确理解并表达了他们的想法。同时要向英语儿童确认，他们真的理解了双语学习者的意图。

1   拼贴箱

> **概述**　儿童用慢慢收集起来并保存在教室中拼贴箱里的废旧材料来制作拼贴作品。

时段　小组活动时间

材料

◆ 每天清理时间收集后放在拼贴箱中的剩余材料、废旧材料（包括儿童找到的材料或从家里带来的材料，如纸、废布片、蜡笔头、干的橡皮泥以及一些线绳）。

◆ 增补一些需要的废旧材料（如木制废旧材料、纱线、球网等）。

◆ 图画纸、硬纸板或其他能够制作拼贴作品的硬纸。

◆ 固定材料，如胶带、胶水。

◆ 潮湿的海绵和纸巾，用于擦拭滴下来和溢出的液体。

课程内容　KDI 40. 视觉艺术。参见 KDI 17. 小肌肉运动技能。

COR 升级版　条目 X. 视觉艺术。参见条目 J. 小肌肉运动技能。

　　开始　告诉幼儿，今天我们要用全班收集在拼贴箱中的材料来制作拼贴画。提供给每名幼儿一张纸、一小篮子的材料和胶水（或胶带）。

　　过程　教师在儿童中间巡视，并和儿童讨论他们所用的材料，以及他们准备如何安排材料并把材料固定在纸上。教师描述（同时也鼓励儿童描述）儿童所用材料的特征，如颜色、形状、大小和质地。把剩下的废旧材料及固定材料放在桌子中间，便于小组中的其他成员使用。描述儿童的工作，并鼓励儿童互相观察彼此的作品，并对这些作品进行评价，例如，你可以说："我看到你在银箔纸上涂了胶水，然后在纸上做出了一幅发光的拼贴作品。"当儿童遇到问题时，例如，儿童无法获得某种能够粘住页面的材料时，帮助他们解决这些困难。

　　下面的表格中提供了一个案例，它说明了在不同发展水平上幼儿可能会说的话和可能会做的事，并提供了鹰架方案，用于支持并适当扩展儿童的学习。前文也提供了一些鹰架表格，里面包含了很多额外的想法。关于鹰架，你还可以读一读第 3 章中的相关内容。

不同发展阶段的鹰架支持策略		
早　期	中　期	后　期
幼儿可能会 探索材料的感官特征，例如，可能揉搓纸，用手指揉滚干橡皮泥，或把胶水挤在纸上。	**幼儿可能会** 对正在使用的材料进行描述，如："这个材料会发光。"	**幼儿可能会** 用拼贴材料制作一些有代表性的东西，如一个人，或一种动物。
成人可以 模仿儿童的行为，并描述自己正在做的事："我喜欢挤胶水，并看着它涂满纸。" **扩展学习**：请儿童描述自己正在使用的材料，以及正在做的事，然后成人模仿儿童。	**成人可以** 用评论认可儿童的观察："是的，这块布能发光。" **扩展学习**：鼓励儿童找到其他相同或不同的材料："我想知道，你还能找到其他什么看起来也在发光的东西吗？"	**成人可以** 谈论儿童在其作品中呈现的细节。 **扩展学习**：好奇儿童可能在作品中呈现的其他细节，例如，指着儿童的画作说："我看到你用纽扣做眼睛。我想知道，你想要用什么材料来做脸的其他部分？"

　　结束　让儿童知道，活动还剩下 5 分钟。告诉儿童，他们可以在工作（选择）时间继续完成自己的拼贴作品，并帮助儿童找到一个空间来储存他们的作品，同时放上"工作在进行中"标志（关于"工作在进行中"，参见第 3 章相关内容）。和儿童一起，把还可以使用的废旧材料放回拼贴箱，其他不能用的材料放进垃圾桶或回收箱。选择一种材料，并告诉儿童像这种材料一样，过渡到下一项活动中，例如，说："让我们假装是滑溜溜的缎子，让我们像缎子一样滑到点心桌旁。"

　　后续活动　询问儿童还需要在拼贴箱中添加什么材料。在每天的清理时间，提醒儿童在丢弃或回收物品前先充分利用拼贴箱中的物品。

2　　许多许多线

> **概述**　读完《阿罗有支彩色笔》(*Harold and Purple Crayon*) 之后，请幼儿探索画出各种线条。

时　段　小组活动时间

材　料

◆《阿罗有支彩色笔》一书。

◆ 绘画材料 (蜡笔、马克笔、彩色铅笔)。

◆ 画纸。

课程内容　KDI 40. 视觉艺术。参见 KDI 26. 阅读。

COR 升级版　条目 X. 视觉艺术。参见条目 P. 阅读。

开　始　阅读故事书《阿罗有支彩色笔》。(如果儿童已经很熟悉这个故事，那么可以重点关注书中的作品以及对作品的描述。) 和儿童谈论阿罗画的东西，以及他是怎样用不同类型的线来画这些东西的。为儿童分发绘画材料，并说："我想知道你们将画出什么样的线。"

过　程　在儿童中间巡视，并谈论他们画出的各种线。谈论时可以使用一些熟悉的词，如"粗""细""长""短"，也可以引入一些新词，如"直的""弯曲的""零碎的""连在一起的""虚线""圆点"等。描述儿童在做的事情，并在儿童做出标记时鼓励其描述自己的行为。鼓励儿童尝试不同的绘画工具，比如细铅笔和粗铅笔，并尝试用不同的力量画出不同的线条。鼓励儿童和同伴分享自己的发现。

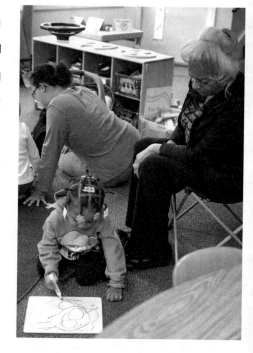

右页表格中提供了一个案例，它说明了在不同发展水平上幼儿可能会说的话和可能会做的事，并提供了鹰架方案，用于支持并适当扩展

儿童的学习。前文也提供了一些鹰架表格，里面包含了很多额外的想法。关于鹰架，你还可以读一读第 3 章中的相关内容。

不同发展阶段的鹰架支持策略		
早　期	**中　期**	**后　期**
幼儿可能会 看书，而不自己画线。	**幼儿可能会** 探索一两种绘画材料，并用这些材料画出几种线（如粗线、细线）。	**幼儿可能会** 探索不同类型的绘画材料，并（或）尝试用每种材料画出不同的线。
成人可以 和儿童一起看书，并讨论阿罗画出的线和图案。	**成人可以** 请儿童描述自己做的事，然后成人画出同类型的线。	**成人可以** 请儿童描述自己画出的线以及是怎样创造出这些不同的线条的，例如："你是怎样让这条线这么直，而那条线又变成锯齿状的？"
扩展学习：问问儿童，阿罗还可能进行哪些冒险，他会怎样画出这些经历。	**扩展学习**：鼓励儿童尝试不同的绘画材料，并比较他们创造的各类线。	**扩展学习**：向儿童提出挑战，可以说："我想知道，你可以用什么来画一条比这个宽的线。"

　　结束　让儿童知道，还有 5 分钟活动将要结束。全班一起把书和绘画材料放好。请幼儿假装像阿罗那样在地板上画线，然后一起过渡到一日常规中的下一项。

　　后续活动　不再读书，而是讲一个故事，然后让儿童自己画线来表现这个故事。鼓励儿童用自己的方法为熟悉的书画图。

3　废旧木料雕塑

概述　儿童用废旧木料在一个基座或底座上进行雕塑。

时段　小组活动时间

材料

◆ 从木材厂、家装商店收集来的以及家长贡献的不同形状的废旧木料，这些木料的边缘用砂纸打磨过，都已经变粗糙，同时所有突出的钉子都已经被去掉了。

◆ 一英尺见方的稳健基座（如重一点的纸板或胶合板）。

◆ 固定材料，如胶水、胶带或胶棒。

◆ 潮湿的海绵或纸巾，用于擦拭滴下来的颜料。

课程内容　KDI 40. 视觉艺术。参见 KDI 17. 小肌肉运动技能；KDI 35. 空间意识。

COR 升级版　条目 X. 视觉艺术。参见条目 J. 小肌肉运动技能；条目 T. 几何；形状与空间意识。

开始　说类似下面的话："艺术家用木头建造物品的行为被叫作雕塑。我想知道，你能建造些什么呢？"给每名幼儿一个基座、一篮子废木料和一根胶棒。

过程　在教室巡视，并与儿童讨论他们用在雕塑中的废旧木料的形状、大小。教师可以使用关于位置的词语（如"上面""挨着"）来描述儿童是如何安排材料的。帮助儿童解决问题，如怎样让某些东西站立起来，或者怎样把木片连接在一起，或连接在基座上。把其他废旧木料和各种固定物品放在桌子中间，供全组使用。

右页表格中提供了一个案例，它说明了在不同发展水平上幼儿可能会说的话和可能会做的事，并提供了鹰架方案，用于支持并适当扩展儿童的

学习。前文也提供了一些鹰架表格，里面包含了很多额外的想法。关于鹰架，你还可以读一读第 3 章中的相关内容。

不同发展阶段的鹰架支持策略		
早　期	中　期	后　期
幼儿可能会 直接把所有废木料与基座相连。	**幼儿可能会** 把两三片木料堆在一起，做出一个简单的雕塑，然后说这代表了什么东西。	**幼儿可能会** 用许多片木料建构出一个复杂的雕塑，并注重木料的摆放，以创造出某种特定的形状或物品。
成人可以 选择相同的材料，并模仿儿童的行为。 **扩展学习**：评论废木料的形状和大小，以及儿童使用材料的行为；鼓励儿童描述材料，说一说用材料做了什么。	**成人可以** 用关于空间的词语来评论儿童是如何堆积他们的木块的："你把这块长木片粘在短的那块的下面。" **扩展学习**：出声地表示好奇，想要知道如果儿童在另一片上再粘一片会怎样，如果把雕塑做得更高一些会怎样。记住，要尊重儿童对如何使用材料的选择。	**成人可以** 评论儿童所使用材料的形状和大小的多样性。 **扩展学习**：请幼儿描述废木料，并解释他们怎样用材料去做他们想做的。鼓励儿童使用不太常用的描述位置的词语，如"在下面""在旁边""伸出"。评论儿童是如何通过与想要表现的物品的相似性来选择某种木料的。

　　结束　在活动结束前 5 分钟提醒儿童。和儿童一起清理，把可用的废木料存储起来，并让儿童知道如果想要在工作（选择）时间做更多雕塑的话，可以在哪里找到这些材料。帮儿童把未完成的作品放起来，如果他们想要继续完成作品的话，还要放上"工作在进行中"标志。建议儿童"像一块木头"一样移动到一日常规的下一环节。

　　后续活动　为儿童提供用木头及其他材料（石头、黏土、金属、织物）建造的雕塑图书和明信片，请幼儿阅读。带领儿童到附近或社区中其他能看到雕塑的地方去进行一次实地参观。

4 动物作品

> **概述** 在户外观察过生活中不太可能见到的一些动物之后，孩子们通过自己的记忆和想象来绘画各种动物。

时段 小组活动时间，在参观之后进行。

材料

◆ 绘画补充材料，如记号笔、蜡笔或彩色铅笔。

◆ 画纸。

◆ 参观时的照片。

课程内容 KDI 40.视觉艺术。参见 KDI51.自然和物质世界。

COR 升级版 条目 X.视觉艺术。参见条目 DD.自然与物质世界。

开始 带领幼儿去一个能看到很多平常生活中不太可能见到的动物的地方进行田野调查，例如宠物商店、饲养宠物的农场、动物园、水族馆或自然保护区。为动物和周围的环境拍照。第二天，把照片分发给幼儿，并和他们一起讨论田野调查的经历。问问幼儿关于动物的外貌（特别是那种独一无二的特征）、栖息地、食性、移动方式、发出的声音，以及他们是否一起玩耍等，他们还记得什么。然后说一些类似"今天，我们要开始为动物画像。我想知道你准备画哪种动物"之类的话，再给幼儿分发纸张和绘画材料。

过程 让幼儿围圈坐下，教师坐在中间，然后一起讨论孩子们的画，回忆田野调查的情境，或一起感受家里养的宠物或某地的野生动物。让幼儿参考照片为自己的画增加更多细节。不要期望幼儿能够完全准确地再现动物，甚至不要期望他们会画自己看到的动物。可以让他们进行想象，创造自己的动物。

右页表格提供了一个案例，它说明了在不同发展水平上，幼儿可能会说的话和可能会做的事，并提供了鹰架方案，用于支持并适当扩展儿童的学习。前面也提供了一些鹰架表格，里面包含了很多额外的想法。关于鹰架，你还可以读一读第 20 页的内容。

不同发展阶段的鹰架支持策略		
早　期	中　期	后　期
幼儿可能会 画其他东西，而不是动物。或者画出来的画没有表现动物的主要特征。	**幼儿可能会** 画自己在日常生活中看到的宠物或动物，如松鼠、鸟等。	**幼儿可能会** 画自己在田野调查中看到的动物或自己创造的动物，并能够表现几个细节。
成人可以 和幼儿讨论他们正在使用的材料以及他们所创造出的艺术效果的优点："你正在整张纸上画圈圈。" **扩展学习**：问问幼儿，关于田野调查他们还记得什么，特别是看到的各种让他们记忆深刻的东西，比如关于动物、周围的环境、坐巴士出行的经历等。	**成人可以** 和幼儿讨论他们所表现的动物的特征，如动物的毛色、主要标志（如，成人可以在评论时使用词语"条纹""羽毛""鳞片"），以及其他特征。 **扩展学习**：鼓励幼儿为自己画的动物添加更多细节。	**成人可以** 鼓励幼儿命名自己画中的细节，并描述这些细节。 **扩展学习**：帮助幼儿回忆、再现动物身体之外的一些细节，比如生活空间（洞穴、巢、树枝）、栖息地（海洋、树林、丛林、冰川）、食性、适应的气候（温暖的或寒冷的气候）、其余的家庭成员或幼畜等。

结束　提醒幼儿，小组活动还有 5 分钟结束。把所有材料放在一起。鼓励幼儿把自己的画拿回家，或者如果幼儿愿意，也可以把画作展示在教室中。请幼儿像在田野调查中看到的动物一样过渡到一日常规中的下一环节。

后续活动　在教室中添加相关动物知识书和故事书，包括带有动物生活在自己的自然栖息地的图片（照片以及插图）的书。把田野调查照片粘贴在适当的地方，让家长和孩子们可以在接送时间进行交流。如果你的幼儿园有安全的网站或通信类材料，也可以在这些地方与家长分享照片。

5 铝箔雕塑

概述　在活动中，儿童们探索用铝箔进行雕塑的可能性。

时段　小组活动时间

材料

♦ 铝箔（开始的时候用两片铝箔，其他的看需要）。

♦ 包装材料或装饰材料，如彩带、毛根。

课程内容　KDI 40. 视觉艺术。参见 KDI 35. 空间意识。

COR 升级版　条目 X. 视觉艺术。参见条目 T. 几何：形状与空间意识。

开始　讨论一下你发现的儿童折、卷或弄皱的东西，例如，厨房纸、餐巾纸或树叶。说一些类似下面的话："铝箔是另外一种材料，你可以用它来卷、折，或者弄皱成不同的形状。"然后展示作品。接下来再说类似下面的话："艺术家们做的这些工作叫作雕塑。我想知道，你们想做什么样的雕塑？"给每名儿童一两片铝箔。

过程　让儿童围圈坐下，教师坐在中间。和儿童讨论铝箔纸看起来和摸起来分别像什么，孩子们的行为怎样影响铝箔的外观，以及他们想要用铝箔做点什么。教师可以增加与质地（平滑的、不平的、尖的）、行为（弯曲、搓揉）和形状（弯曲的、直的、圆的、平的）有关的词语，以帮助儿童通过不同的感官来体验艺术。如果儿童想要，鼓励他们多用补充材料来包装或装饰自己的雕塑作品。

右页表格中提供了一个案例，它说明了在不同发展水平上，幼儿可能会说的话和可能会做的事，并提供了鹰架方案，用于支持并适当

扩展儿童的学习。前文也提供了一些鹰架表格，里面包含了很多额外的想法。关于鹰架，你还可以读一读第 3 章中的相关内容。

不同发展阶段的鹰架支持策略		
早　期	中　期	后　期
幼儿可能会 没有探索铝箔，没有尝试做任何东西。	**幼儿可能会** 意外地做出了某件东西，然后为它命名。例如，他们可能先是弄皱了铝箔，然后说："啊！我做了一个球！"	**幼儿可能会** 有意识地做一些东西，如，他们可能说自己准备做一条狗，然后在铝箔上做出耳朵和尾巴。
成人可以 描述儿童的行为，例如，"你弄平了它"，或者"你把铝箔揉成了一团"。	**成人可以** 认可儿童的观察，说："你用手挤压铝箔，把它变圆，看起来就像一个球。"	**成人可以** 评论儿童所表现的有代表性的特征，并请儿童描述他们是怎样做出来的。
扩展学习：鼓励儿童用不同方式操作铝箔纸，并评论他们是怎样改变材料的："它是发光的、平的——现在，它又变成粗糙的、皱皱的。"	**扩展学习**：问问儿童，如果用不同的方式操作铝箔纸，他们觉得将会做出什么。	**扩展学习**：问问儿童，还可以用铝箔纸做出其他的什么东西，要想做出这个东西需要做什么。例如，如果儿童说做长颈鹿，成人可以问问儿童他准备怎样做长脖子。

结　束　在活动结束前 3—5 分钟提醒儿童，然后把材料收集到一起。如果他们想要在工作时间（或选择时间）再次使用铝箔的话，让儿童知道铝箔的储存地点。让儿童蜷缩身体的某个部分，然后过渡到一日常规中的下一环节。

后续活动　提供儿童能够用于造型的其他材料。例如，除了黏土和橡皮泥外，还可以提供蜜蜡、湿沙子和报纸。提供用金属及其他材料制作的雕塑作品的照片、展览海报和明信片。

6 镜子，镜子

> **概述** 儿童在镜子中观察自己，并画自画像。他们也可以选择画同一张桌子上的其他人。观察镜子中的自己或近距离地观察别人会激励儿童在画中表现更多细节。

时 段 小组活动时间

材 料

◆ 小（可手持的）塑料镜子。

◆ 绘画材料，如蜡笔或彩色铅笔（注意：笔尖越细，越能够激励儿童表现更多细节）。

◆ 画纸。

课程内容 KDI 40. 视觉艺术。参加KDI 17. 小肌肉运动技能；KDI 53. 多样性。

COR 升级版 条目 X. 视觉艺术。参见条目 J. 小肌肉运动技能；条目 FF. 对自我和他人的认知。

开 始 说类似下面的话："艺术家会画很多东西，一些艺术家喜欢画人像。如果我准备画自己，我可能要先用镜子看看我看起来是什么样子。"向儿童示范整个过程，先用镜子观察自己，然后描述你看到的特征。例如，你可以说："我的头发是弯曲的，眼睛是棕色的，我还戴着眼镜。"然后在纸上画出这些特征。给每名儿童一面镜子和一些绘画材料，并说："你在镜子中看自己，看到了什么？我想知道，你要怎样来画自己看到的？"

过 程 让儿童围圈坐下，教师坐在中间，然后和儿童交流在镜子中看到了什么，以及想要画什么。讨论儿童在外貌特征上的相同点和不同点，讨论中要尊重事实，并要注意不要进行判断。如果儿童感兴趣，他们也会画同桌的其他人。鼓励儿童在画前和画的过程中观察他人。偶尔，也可以进行激励，如："你还看到了什么？"

右页表格中提供了一个案例，它说明了在不同发展水平上，幼儿可能会说的话和可能会做的事，并提供了鹰架方案，用于支持并适当扩展儿童的学习。前文也提供了一些鹰架表格，里面包含了很多额外的想法。关于鹰架，你还可以读一读第 3 章中的相关内容。

不同发展阶段的鹰架支持策略		
早　期	中　期	后　期
幼儿可能会 相比画自己，更喜欢观察镜子中的自己。	**幼儿可能会** 画出简单的画像，并带有一两种面部特征。	**幼儿可能会** 在绘画作品中表现了几种面部特征。
成人可以 和幼儿讨论，在看着镜子中的影像时，你看到了什么。向儿童描述，并鼓励儿童描述他们的特征。 **扩展学习**：鼓励儿童观察一名成人的脸（或影像），并讨论成人的特征与儿童的有什么相同以及（或）不同。	**成人可以** 命名并描述儿童的绘画，评论作品的艺术特征，如线条、形状或颜色选择；评论时聚焦于绘画的过程，而非成品，关注儿童在创作时做出的选择。 **扩展学习**：问问儿童，是否能够添加其他特征；为了获取更多想法，鼓励儿童持续观察镜子中的自己。	**成人可以** 鼓励儿童讨论每种细节，以及是如何表现这些细节的。 **扩展学习**：建议儿童观察其他人并画这个人，在画中表现尽可能多的细节；把两幅画挨着放在一起，然后讨论它们之间的相同点和不同点。

结束　在活动结束前的 3—5 分钟提醒儿童。（由于没有特别乱的材料需要收拾，所以清理时间可以短一些。）和儿童一起，把材料放在一边。告诉儿童，如果他们想要在工作时间继续使用这些镜子，可以去哪里找。在过渡过程中，和儿童一起玩"大发现"（I Spy）游戏——描述每名儿童的一种特征，然后被描述的儿童轮流过渡到下一项活动（"我发现了一个红色卷发的人。是的——是大卫！大卫可以到餐桌边去。"）。

后续活动　让儿童带自己的照片或家人的照片到幼儿园，用这些来做绘画参考。提供带有本班儿童喜欢画的各种事物（如植物、动物、建筑、交通工具、建筑设备）的照片和细节图的知识书。鼓励儿童参考这些书为自己的画作添加细节。

7 用非常规物品来绘画

> **概述** 儿童用不常用来绘画的家用物品和天然物品来进行绘画。

时段 小组活动时间

材料

◆ 颜料（一种或两种颜色，这样儿童能够集中注意力于操作材料，而非混合颜料）。

◆ 画纸。

◆ 儿童不会用来绘画的家用物品和天然物品，如羽毛、揉皱的报纸、软木塞、高尔夫球、扫帚、海绵、吸盘、细树枝、贝壳、岩石。

◆ 潮湿的海绵和纸巾，用于擦拭（为了便于清洁，可在桌子上铺一些报纸）。

课程内容 KDI 40. 视觉艺术。参见 KDI 5. 资源利用；KDI 17. 小肌肉运动技能。

COR 升级版 条目 X. 视觉艺术。参见条目 B. 使用材料解决问题；条目 J. 小肌肉运动技能。

开始 和幼儿谈一谈平时他们是怎样用刷子来画画的。说类似下面的话："今天，我们要用一些不同的材料来画画。"向儿童展示并命名各种物品。为幼儿提供画纸和几种绘画工具，开始绘画。把其他工具放在桌子上，所有幼儿可以共同使用。

过程 教师自己尝试不同的工具。在桌边巡视，和幼儿讨论所用的工具及每种工具所产生的效果。例如，这种工具画出的标记的类型、留在页面上的纹理，以及这种工具是需要耗费很多颜料还是只需要一点点。

右页表格中提供了一个案例，它说明了在不同发展水平上，幼儿可能会说的话和可能会做的事，并提供了鹰架方案，用于支持并适当扩展儿童的学习。前面也提供了一

些鹰架表格，里面包含了很多额外的想法。关于鹰架，你还可以读一读第 3 章中的相关内容。

不同发展阶段的鹰架支持策略		
早　期	中　期	后　期
幼儿可能会 探究物品，但没有用物品进行绘画。	**幼儿可能会** 用物品去绘画，并想要看看会产生什么样的效果。	**幼儿可能会** 用物品画出具体的图案或形象。
成人可以 和儿童一起探究物品，并模仿他们的行为。 **扩展学习**：命名并描述儿童所选物品的审美特征："这个贝壳上有许多颜色不同的条纹。我想知道，是否还有其他东西也有很多颜色。"	**成人可以** 评论儿童创造的艺术效果："这根树枝画出了一条细细的线，但是海绵会画出很宽的线"。 **扩展学习**：鼓励儿童想象不同物品会创造出哪些效果："我想知道扫帚将在纸上留下什么样的痕迹。"	**成人可以** 认可儿童对自己作品的评论："是的，我看到你用羽毛来画树上的分叉。" **扩展学习**：问问儿童，是否可以用其他工具来为自己的作品添加更多细节："假设想要画更多花，你要使用哪些别的工具呢？用软木塞时，怎样才能让它们看起来都是相同的（或不同的）？"

结束　在活动结束前提醒儿童，要留出足够的时间用于清理。告诉儿童，如果他们想要在工作时间（或选择时间）继续使用这些物品，可以去艺术区找。建议儿童扮演物品中的一种，移动到一日常规中的下一项活动，例如，假装他们的脚下有一个吸盘。

后续活动　在艺术区提供其他物品进行绘画。请家长捐献一些旧的厨房用具或木工工具。向儿童指出教室陈设（如织物上羽毛状的模式）或街坊墙上（如装饰墙上卷曲的装饰）有趣的纹理效果。

8 花园是如何生长的？

> **概述** 在徒步田野调查街坊附近的花园后，儿童在教室中用天然材料建造自己的花园。

时 段 小组活动时间（事先进行田野调查）

材 料

♦ 天然材料，如树枝、叶子、干花的花瓣和茎、小块和中等大小的石头、鹅卵石、树皮、橡子、松果、芦苇、种荚、苔藓丛。

♦ 在地面或桌上铺大张的牛皮纸。

课程内容 KDI 40. 视觉艺术。参见 KDI 45. 观察；KDI 51. 自然和物质世界。

COR 升级版 条目 X. 视觉艺术。参见条目 BB. 观察与分类；条目 DD. 自然和物质世界。

开 始 在社区中进行徒步，看看花园、院子、公园、中型绿化带、种植园、窗台上的花盆箱里到底长着些什么。试着观察不同的花、蔬菜、树、灌木以及地被植物。第二天，告诉儿童将要在教室中制作自己的花园。（如果你的幼儿园已经有户外花园，并且儿童评论过花园，教师可以说："我们准备在教室中，就在这儿，做一个假的花园。"）向儿童展示"土壤"及材料，并说："我想知道，我们准备在花园中种些什么呢？"给每名儿童一篮子材料，其他的放在桌子中间（或地板上），共同使用。

过 程 儿童建造自己的花园时，教师跪在他们旁边。鼓励儿童命名并描述材料，并说说用材料做了什么。如果儿童感兴趣，请他们命名植物，并想象植物（花）的香味和（蔬菜）味道。儿童在土壤上布置、安排植物时，出声地表示好奇于这些植物到底能长多大。评论说：制作一个花园就像在地球上画画或制作拼贴作品。

右页表格中提供了一个案例，它说明了在不同发展水平上，幼儿可能会说的话和可能会做的

事，并提供了鹰架方案，用于支持并适当扩展儿童的学习。前文也提供了一些鹰架表格，里面包含了很多额外的想法。关于鹰架，你还可以读一读第 3 章中的相关内容。

不同发展阶段的鹰架支持策略		
早 期	中 期	后 期
幼儿可能会 探索材料的特征，或用材料来做东西，但不制作植物。	**幼儿可能会** 在作品中表现一两种植物的特征。	**幼儿可能会** 在作品中表现出很多路上看到的植物和公园的特征。
成人可以 在儿童旁边工作，并模仿他们的行为。 **扩展学习**：请儿童描述他们在做什么，成人试着做同样的事："让我看看（或告诉我）你是用什么方法让叶子变皱的。"	**成人可以** 评论儿童所表现的植物的组成部分："你用树枝来做茎，还把花（或西红柿）放在上面。" **扩展学习**：请儿童谈论在田野调查时所看到的其他细节，并讨论一下在路上看到的其他植物和花园的特征（使用词汇如"叶子""卷须""护根"）以及儿童可以用哪些材料来表现这些特征。	**成人可以** 讨论儿童所选择材料的特征怎样恰当表现了植物的特定特征："这根麦秆像藤上的卷须一样细。" **扩展学习**：讨论花园的整体艺术效果，如颜色或结构的对比，或一些区域有多拥挤而其他区域则很分散。

结束 在活动结束前 5 分钟提醒儿童，然后把那些不常用的材料收集在一起。提醒儿童，如果想要在选择（工作）时间继续使用材料，要记住材料被储存在哪里。与家长分享一张关于花园的照片。让儿童假装是一株植物，越长越大，同时一起过渡到一日常规中的下一个环节。

后续活动 为儿童提供带有花园图的图画书，如种子目录、家庭与花园杂志以及风景书。把一些著名的表现花园的艺术作品，比如莫奈的《睡莲》，或补过的带花的被子带到教室。如果您想要和孩子们一起在户外花园中进行种植，一起讨论花及蔬菜开始生长时的审美特征。

9 印一印（画出痕迹）

概述 儿童用模具材料来印下痕迹，用非艺术材料来创造各种线和图形。

时段 小组活动时间

材料

◆ 一个大球，或块状可压模的材料，如黏土、橡皮泥或软化过的蜂蜡。

◆ 能创造出痕迹的炊具、木工工具、服装配饰，如面点转刀、压花模、压蒜器、黄油模、手摇钻、宽格网眼、人造珠宝、木槌、图画书、蝶形螺母、插座保护装置、纽扣、橡胶鞋底。

◆ 约一英尺见方，用稳固的纸板、胶合板或塑料制作的底座。

课程内容 KDI 40. 视觉艺术。参见KDI 45. 观察；KDI 46. 分类。

COR 升级版 条目 X. 视觉艺术。参见条目 BB. 观察与分类。

开始 向儿童出示照片，并讨论一下儿童看过的能做出痕迹或压痕的物品，如轮胎胎面、压花模、足印。告诉儿童，艺术家有时候会通过把物品按压进软材料（如黏土）中来作画或进行设计，这就是所谓的"印画"。用一种工具来展示这个过程，并和儿童一起讨论效果。向儿童解释，今天我们也将用不同材料来做印画。给每名儿童一个底座，一团压模材料，以及两种工具。在桌子中间放其他工具，用于儿童共同使用。

过程 全体儿童围圈坐下，教师在中间，和幼儿讨论他们用工具创造出的效果。鼓励儿童用其他物品创作，并互相看一看彼此的作品。向儿童介绍工具的名称，如压花模、螺丝刀、波形尺和方格，并描述这些工具留下的痕迹和结构。

右页表格中提供了一个案例，它说明了在不同发展水平上，幼儿可能会说的话和可能会做的事，并提

供了鹰架方案，用于支持并适当扩展儿童的学习。前文也提供了一些鹰架表格，里面包含了很多额外的想法。关于鹰架，你还可以读一读第 3 章中的相关内容。

不同发展阶段的鹰架支持策略		
早　期	**中　期**	**后　期**
幼儿可能会 把自己的手和手指压进材料中。	**幼儿可能会** 有条理地探索并比较不同工具的效果。	**幼儿可能会** 用工具创作有代表性的图案或设计。
成人可以 模仿并描述儿童的行为。 **扩展学习**：选择一种工具，自己先尝试一下。然后请儿童也尝试一下这种工具（如果儿童不愿意，也要尊重他们的选择）。和儿童交流一下用工具创作出的痕迹，如螺丝刀留下了细细的、弯弯曲曲的线，"钻头留下了很深的痕迹"或"黄油模子在黏土中留下了有规律的痕迹"。	**成人可以** 证实儿童的观察和比较，例如说："是的，帆布鞋底在黏土上留下了几个方格。"或者："我看到凿子柄留下的痕迹比画刷柄留下的更宽。" **扩展学习**：请儿童猜测一下某种工具能创造出什么样的效果："这种纽扣能创造出什么样的效果？"	**成人可以** 用材料创造同种效果。描述儿童正在做的和创造的东西，鼓励儿童描述自己在做的事，同时重复儿童所用的词语，并增加新的词语（如条棋盘）。 **扩展学习**：鼓励儿童增加更多细节，并尝试其他工具："你还想为你的房子添上点什么？我想知道你还可以用哪种工具来创作？"

　　结束　在活动结束前 5 分钟提醒儿童，然后把物品收集到一起。让儿童知道材料被存放在了艺术区，帮助想要继续印画的儿童把作品放在一个安全的地方，并放上"工作在进行中"标志。让儿童假装他们正在泥巴（或黏土）中进行印画，过渡到一日常规中的下一个环节。

　　后续活动　把工具拿到户外，让儿童在沙堆上进行印画。分成小组，和儿童一起看一看他们的足迹和手印，关注人们创作出的印画和周围环境中交通工具所制造出的印记。请家长带一些儿童能用的物品（如运动鞋、穿过的衣服上的雕花纽扣、人造珠宝），让他们创作印画。

10 户外编织

> **概述**　儿童在户外游戏区用建筑物（如篱笆）进进出出地编织不同的材料。

时段　小组活动时间，在户外进行

材料

◆ 可以当织布机用的建筑物，如链式栅栏或木制板条式栅栏、楼梯栏杆、爬梯或滑梯。

◆ 用来编织的材料，如纱线、带子、毛根、可弯曲的枝条和茎、羽毛、纸和纸板条。

课程内容　KDI 40. 视觉艺术。参见 KDI 35. 空间意识；KDI 38. 模式。

COR 升级版　条目 X. 视觉艺术。参见条目 T. 几何：图形与空间意识；条目 V. 模式。

开始　向儿童出示小块地毯、毯子、墙上的帘子及其他编织物的照片，并一起讨论编织的艺术和过程。向儿童解释，编织一般是在织布机上完成的，艺术家会用纱线和其他一些物品从头进进出出地进行编织（这时可以出示编织过程的照片）。向儿童说明，今天，他们将用篱笆（或其他建筑物）当织布机，在空间中进行编织。确保所有儿童都有一个工作空间，然后拿出两种材料让他们开始编织。也要让儿童能够方便地接触到其他材料，进行探索。

过程　在幼儿工作时，来到他们身边。评价他们所选择的材料及使用这些材料的方式。向儿童介绍一些关于位置和方向的词语，如上面、下面、后面、之间、背后和前面等。如果材料太短，无法按照儿童的意愿进进出出地编织很多次，或者当儿童在弯曲材料时感到有困难，帮助他们解决问题。

右页表格中提供了一个案例，它说明了在不同发展水平上，幼儿可能会说的话和可能会做的事，并提供了鹰架方案，用于支持并适当扩展儿童的学习。前文也提供了一些鹰架表格，里面包

含了很多额外的想法。关于鹰架，你还可以读一读第 3 章中的相关内容。

不同发展阶段的鹰架支持策略		
早　期	**中　期**	**后　期**
幼儿可能会 没有尝试在建筑物之间进行编织。	**幼儿可能会** 能够评价用不同材料编织的难易，以及（或）每种材料所产生的效果。	**幼儿可能会** 能创造模式，如一排一排地交替编织两种颜色或两种类型的材料。
成人可以 在儿童旁边探索材料，评论材料的特征，如颜色、质地和柔韧性。	**成人可以** 用材料重复儿童的观察："我的树枝开始时也断了。但是带子很容易进进出出地编织。"	**成人可以** 向儿童具体指出他们创造出的是哪种模式。
扩展学习：用一种材料进行编织，和儿童讨论这种行为，并鼓励他们尝试编织（如果儿童不愿意，也要尊重他们的选择）。	**扩展学习**：问问儿童，为什么他们觉得材料会有不同程度的柔韧性，或产生不同的效果："我想知道，为什么茎比树枝更容易弯曲？"鼓励儿童找到自己遇到的问题的答案。	**扩展学习**：鼓励儿童描述自己创造的模式中的元素，并鼓励他们发现其他模式（例如，在他们或其他人穿的衣服上，在户外游戏区的砖墙植物上，在周围其他建筑物上）并描述。

　　结束　在活动即将结束前提醒儿童。如果可能，把编织作品留在户外，让家长在接送时间可以看到。如果作品不安全或不可行，就为作品拍照。把装材料的篮子分散放在篱笆（或编织区）和门之间，当儿童在里面活动时，让他们在篮子之间进进出出地编织。请最后一个"编织者"帮忙把篮子拿回教室。

　　后续活动　把材料放在篮子中，在户外时间拿到户外。为儿童提供表现各种编织的图书和明信片。鼓励家长贡献儿童能用来编织的材料。用帆布制延伸器（可在艺术供应商店和画架店购买）来制作织布机架子，让儿童在教室内进行编织。（注意：织布机要一英尺见方的大小，或更小一点；在织布机上、下各钉一排钉子，在钉子之间绑上结实的麻线。儿童可以在麻线上、下进行编织。）

第5章 音乐活动

文森佐（Vincenzio）（伽利略的父亲）教伽利略唱歌、演奏风琴和其他乐器。在这个指导过程中，他向伽利略介绍了音乐比率上的毕达哥斯加法则。这一法则要求曲调和作曲必须按一定比例遵循音符的数字属性……当文森佐在房间中绕满不同长度、不同直径和不同张力的重力绳以试验某种和声构想时，伽利略作为助手加入其中。看起来我们可以说，被誉为实验物理学之父的伽利略是从自己父亲的尝试中产生了实验想法的萌芽，认识到了实验的价值。(Sobel, 2001, p.16 & 18)

儿童音乐能力的发展

幼儿与音乐天生就是一对好搭档。摇篮曲会让婴儿平静下来，而如果婴儿听到了充满活力的曲调，他们会愉快地扭动起来。学步儿会重复熟悉的歌曲片段以及动作。学前儿童能够区分音乐的风格，他们能学会歌曲中的单词和旋律或自己进行创编，他们能演奏简单的乐器。和创造性艺术的其他领域一样，音乐也是一种幼儿用来表达想法和情感的语言。研究人员发现了幼儿音乐能力发展进程中的四个方面。

发展节奏知识。意识到声音中的"时间"要素是理解并创造音乐的根本。尽管

这种能力在学步儿期就已经出现，但节奏感更多是在学前期建立的（Stellaccio & McCarthy, 1999）。重复体验音乐中的重拍是发展节奏感的关键（Weikart, 2000）。

发展声调知识。小至三个月的婴儿也能够尝试让自己声音的音高与听到的声音的音高相一致。学步儿可以再现旋律音程（唱一个音符，然后唱一个更高或更低的音符）。在三岁前，儿童可以抒情地进行演唱；五岁前，他们可以准确地模仿音高（Bayless & Ramsey, 2004）。这种被叫作"声调能力"的能力高度依赖于儿童的早期经验，这种经验中必须包含身体活动。例如，幼儿边唱边或高或低地移动身体，以与演唱的音高相匹配，有此经验的幼儿比仅仅倾听的幼儿拥有更好的音高意识（Scott-Kasner, 1992）。

理解音乐中的情感因素。由于音乐包含很多情感的特质，所以，倾听音乐并对此做出反应是一种社交形式。尽管此方面的研究有限，但看起来，学前儿童能够确认音乐所传达的情感，并做出恰当的反应（Kemple, Batey, & Hartle, 2005）。例如，在听到生动活泼的音乐时，他们会加速或放大身体动作；当音乐变安静时，他们会降低速度或身体动作的幅度。重复地玩交互式音乐游戏似乎也会增强幼儿的同理心（Rabinowich, Cross, & Burnard, 2013），这进一步证明了音乐对社交和情感的影响力。

音乐创造性与游戏。在自由游戏中，当幼儿有节奏地喊叫、演唱及演奏乐器时，他们非常具有创造性。例如，他们会变音来模仿动物（吠叫）或机器（嗡嗡叫）的声音，他们会创编或改编熟悉的歌曲，以为有节奏的动作（如锤击或摇晃一个木偶）伴奏。与成人高度控制的机构相比，在结尾开放的游戏中，儿童表现出了更多自发的音乐行为（Greata, 2006）。

新兴的脑科学研究也强调了音乐与神经发展以及与读写能力和数学理解之间的关系。例如，当言语指导伴随着稳定的节拍时，儿童会更关注指导，因为大脑中控制节拍的与控制注意的是同一个区域（Geist, Geist, & Kuznok, 2012）。越来越多的证据表明，音乐训练能够强化空间推理和计算技能（Scripp, 2002）、划分语音的能力（Francois, Chobert, Besson, & Schon, 2013）以及阅读的流利程度（Kim & Robinson, 2010）。总之，音乐是早期教育课程中非常有价值的部分，它既能为儿童带来内在的愉悦，也是强化其他学习的一种工具。

支持音乐能力发展的材料与装备

尽管如今的孩子们经常通过电子设备听到声音和音乐，但对他们来说，体验直接用物品制造的和生产物品时所产生的声音、旋律和节奏非常重要。为儿童提供下列不同类型的设备和材料，鼓励他们进行音乐体验和发现。

- 能制造声音的物品（如时钟、节拍器、机械玩具——这些物品能发出哔哔声、呼呼声或叮当声）。
- 简单的打击乐器（鼓、铃鼓、铃铛、木琴、三角铁、沙锤、摇晃类乐器和填满不同材料的豆袋、节奏棒、钵、垃圾桶盖、铁盘或塑料盘、非洲弹拨琴或键盘、板条篱笆）。
- 简单的木管乐器（哨子、口琴、小笛子、直笛、喇叭、聚会伴手礼、铁琴）。
- 简单的弦类乐器（儿童尺寸的尤克里里琴或吉他、马林巴琴、筝、扬琴）。
- 歌曲集。
- 音乐演奏家。

想要获取额外的建议，参见《高瞻学前课程模式》[①]（*The HighScope Preschool Curriculum*）(Epstein & Hohmann，20012，第 6 章)。

支持音乐能力发展的教学策略

教师可以在日常生活中使用下列策略来帮助幼儿发展自己的音乐知识和技能。

---

① 该书中文版即将由教育科学出版社出版发行。——编辑注

寻找机会和幼儿一起倾听、确认并创造声音

学前儿童喜欢用声音来表现物品和事件，如能吠叫的狗、嘀嗒的钟表、能发出嘹亮声音的汽笛。鼓励儿童用自己的嗓音和身体来创造声音，并提供各种制造声音的材料。创造机会去户外倾听大自然的声音，或通过播放声音来玩猜声音游戏。命名并描述不同的声音，鼓励儿童也这样做。

和儿童一起唱

儿童喜欢唱歌，也喜欢听他人唱歌，所以，请每天和他们一起唱吧。向儿童介绍一些不同音乐风格的歌曲，包括儿童在家听过的、来自其他国家和文化的歌曲。邀请父母和你们一起唱，用歌曲单、安全网页和其他方式来分享儿童在学校学过的歌曲，让他们在家也能唱。在全天都要唱歌，例如，在从一项活动过渡下一项活动时唱歌。

播放各种录音和现场音乐

播放不同类型的器乐和人声音乐，如民歌、爵士、经典音乐。也可以播放不同的韵律，如进行曲、华尔兹、探戈。主要播放器乐选段。人类的大脑会首先关注语言，如果他们关注词语，可能会错失音乐元素。现场音乐对儿童来说是特别的乐趣，成人也很喜欢。邀请工作人员、家长和客人来演奏音乐，或教唱简单的歌曲，同时儿童演唱、拍手、移动或用简单的乐器进行伴奏。用音乐加速过渡，例如，用音乐加速清理。然而，在儿童投入其他工作或小组活动时，不要播放背景音乐。噪声会吸引儿童的注意，会使倾听和交谈发生困难。

提供简单的乐器

学前儿童特别喜欢演奏需要用到手和身体动作的乐器（参见上面的清单）。提供一些能使用双手的乐器（如三角铁和手鼓），或者是每只手握一个的乐器（如节奏棒或沙锤）。确保教室中的乐器能够表现儿童的文化。鼓励儿童在工作（选择）时间演奏乐器，并做出计划，把这项活动包含在小组活动时间（用于儿

童个人探索声音）和大组活动时间（作为开始和结束活动的信号），还可以用乐器来作为过渡信号，或者把乐器拿到户外。在和孩子们一起阅读图书或表演故事时，乐器也可以用来表现角色或行为。

更多关于支持学前阶段儿童音乐能力发展的教学策略参见爱泼斯坦的书（Epstein，2012，Chapter 4）。

在音乐中融入文化多样性

"音乐是一种非语言的交流形式，它能在不同背景的人之间架起文化的桥梁"（Pica，2009，p.4）。在所有的艺术形式中，音乐的多样性可能最被公众所知，特别是通过互联网，人们可以下载全世界的音乐。我们要使用研究术语来探索不同的艺术家、艺术类型、乐器和技术。如果可能，让儿童看到（并触摸）乐器和其他能创造出声音的物品。如果环境中没有这些材料，可以为儿童提供可以一些画作和照片，让他们在倾听时观察。下面有一些可以帮你开始活动的建议。可以向家长或当地的音乐家（表演者和作曲家）请教其他建议。

艺术家。通过关注艺术家个人或团体，比如韦克莱夫·让（Wyclef Jean, 海地人）、雷村黑牛斧头合唱团（Ladysmith Black Mambazo，南非人）、夏奇拉（Shakira，黎巴嫩裔哥伦比亚人）、拉维·香卡（Ravi Shankar，印度人）、鲍勃·马利（Bob Marley）和利奇·马利（Ziggy Marley）（牙买加人）、克利夫顿·切尼尔（Clifton Chenier，路易斯安那州的法裔移民）、强哥·莱恩哈特（Django Reinhardt，比利时裔罗马爵士音乐家）、阿玛杜和玛利亚姆（Amadou and Mariam，来自马利的盲人音乐家）、马努·乔（Manu Chao，西班牙人）、斯卡·库巴奴（Ska Cubano，牙买加人和古巴人）、多贝·格纳霍尔（Dobet Gnahore，西非音乐家和舞蹈家）、卡罗来纳州的巧克力滴乐队（Carolina Chocolate Drops，非裔美国人），教师可以和儿童共同讨论音乐，并为儿童提供音乐范本。

音乐类型。你可以向儿童介绍下列音乐类型，这些音乐共同反映了不同的文化与影响：日本的十三弦古筝、印度的拉格（raga）、中国西藏的藏腔、西欧的波尔卡、克尔特竖琴、南非巴甘加音乐（Mbaqanga）、中国内蒙古的呼麦唱法、美国本土的长笛音乐、柴迪科电子音乐（zydeco）、墨西哥流浪音乐（mariachi）、桑巴乐、弗朗明哥音乐、探戈音乐、蓝草音乐，以及非西方的音阶、节奏和变调。

材料（民族乐器）。教师可以向儿童介绍下列乐器，这些乐器反映了不同的文化：科拉琴（kora，西非的竖琴）、印度锡塔尔琴（sitar）、澳大利亚迪吉里杜管（didgeridoo）、西藏木碗、加麦兰（gamelan，一种集合了锣、鼓、金属木琴、长笛并有弦的印度尼西亚乐器）、印度手鼓。

为有特殊教育需求的儿童选择材料和活动

可以用许多方式来操作材料以发出声音。当你在幼儿园中为儿童选择乐器和其他制造声音的材料来探索创作音乐时，你需要灵活地思考。把声音和其他感官提示结合起来，帮助那些听力有限的儿童。活动中要利用这样一个事实：很多有听力障碍的儿童都能感受到震动。最后，教师要对这一点保持敏锐：不同儿童对音量和音域（range）有不同的忍耐度。试试下面的想法，并按照需要为机构中的儿童做出调整。

- 需要给出方向时，添加图片和视觉提示（如到该唱的时候打个手势）。
- 对那些无法抓握手持类乐器（如铃铛）的儿童，用魔术贴把乐器连在儿童的手上。
- 对那些小肌肉协调困难的儿童，可以用门挡（或楔子块）来弹奏乐器。
- 提供声音放大器。
- 为那些对大的声音敏感的儿童提供耳机、泡沫头带或其他遮耳物。

为双语学习者（DLLs）选择音乐材料和活动

幼儿能够理解器乐，不管他们的英文流利程度如何。学习简单歌曲中的词语是一种有效的帮助学前儿童浸入式练习英语技能的途径，它也能为幼儿和家长提供一次机会，让他们有机会为班中其他人介绍他们的母语歌曲。下面的建议有助于帮助双语学习者用音乐来与教师、同伴交流。

- 鼓励儿童用母语命名并描述自己演唱的歌曲和演奏的乐器，教师提供对应的英语说法。
- 用班中儿童所说的语言及英语为歌曲集、音乐演奏家和乐器贴标签。
- 鼓励双语儿童和土生土长的说英语的儿童在音乐活动中进行合作，分享发现和想法，并互相帮助解决问题。
- 用教室中儿童所说的语言来唱歌、表演歌曲。邀请家庭成员用他们的母语来教全班歌曲。
- 在音乐活动中，让双语学习者和土生土长的说英语的儿童做搭档。教师做翻译，帮助他们彼此理解，实施彼此的想法。向双语儿童核对他们的想法，确保你正确理解并正确表达了他们的想法。向生来说英语的儿童核对他们的想法，确保他们理解了双语学习者的意图。

1 音乐材料

概述　幼儿用随机音高演唱对物体、工具及其他材料的描述。

时段　小组活动时间

材料

◆ 幼儿经常玩的物品、工具和其他材料，如不同形状、大小和材料的积木（乐高积木、木制积木、纸板积木）。

◆ 人物形象和动物形象。

◆ 建筑工具（锤子、螺丝刀、螺母和螺栓、高尔夫球座）。

◆ 艺术创作工具（画刷、蜡笔、画纸、纱线、黏土造型球）。

◆ 做饭和吃饭用具（银器、盘子和杯子、炖锅、锅铲、木勺）。

◆ 装扮用的服装（帽子和头盔、围巾和腰带、鞋子、徽章）。

◆ 图书（不同开本的书，表现不同物体的书，纸板书、软封书）。

课程内容　KDI 41. 音乐。参见 KDI 45. 观察。

COR 升级版　条目 Y. 音乐。参见条目 BB. 观察与分类。

　　开始　告诉幼儿，今天即将要唱一唱他们喜欢玩的东西和用来工作的东西。选择一种物品，随机选择一种音高（也就是说，并不是一段旋律），唱："这是一把画刷。"选择另一种物品，然后唱："我用锤子钉钉子。"鼓励幼儿每次选一种物品，告诉他们："我想知道，对你选择的东西，你会唱些什么。"

　　过程　倾听幼儿的演唱。鼓励他们唱出对材料的描述和（或）材料的用途。把歌词与音高相匹配，间或引入新的音高。评论某一个音高是比前面的高了还是低了。请幼儿选择不同材料，并在活动中多增加几个游戏场所。

　　右页表格中提供了一个案例，它说明了在不同发展水平上，幼儿可能会说的话和可能会做的事，并提供了鹰架方案，用于支持并适当扩展儿童的学习。前文也提供了一些鹰架表格，里面包

含了很多额外的想法。关于鹰架，你还可以读一读第 3 章中的相关内容。

不同发展阶段的鹰架支持策略		
早　期	中　期	后　期
幼儿可能会 命名或描述某种物品或材料，但不会唱。	**幼儿可能会** 唱出简短的短语或句子，来描述物品或使用工具的方式。	**幼儿可能会** 唱出完整的句子或和句子一起唱出字符串短语。
成人可以 认可并重复幼儿所说的，例如："你有一把锤子。" **扩展学习**：唱出幼儿所说的单词（随机选择音高），例如："用红颜料来画画。"	**成人可以** 用幼儿的音高和单词来演唱，并评论幼儿的音高范围："你用高音来唱布娃娃，用低一点的音高来唱床。" **扩展学习**：把幼儿的短语变成句子，或增加其他句子。例如，如果幼儿唱："一个红色的乐高。"成人可以唱："你手里拿着一个红色的乐高。"如果幼儿唱："我拿了一把锤子。"成人可以重复并把句子扩展成："你拿了一把锤子，你用它来钉钉子。"	**成人可以** 说类似"你还可以唱其他什么东西吗"的话。鼓励幼儿为自己的描述增加细节："我想知道，关于煎锅，你还有什么能唱的?" **扩展学习**：鼓励幼儿倾听并模仿彼此唱出的描述（音高和用词），并请幼儿分辨出这个音高比另一个更高、更低还是一样高。

结束　绕着桌子走，让每名幼儿唱出一种以上材料。和幼儿一起，把材料拿走。让幼儿唱一唱他们的行动，仍用随机音高，同时过渡到一日常规中的下一项活动。

后续活动　在工作（选择）时间，你一边在教室中分发材料，一边时不时地用随机音高"唱"幼儿正在使用的材料以及他们用这些材料做什么。鼓励幼儿像你这样做。用随机音高词来宣布过渡，例如，你可以唱："你们有五分钟去清理。"

2 自然的声音

概述 儿童探索自然物的声音和音乐品质。

时段 小组活动时间

材料

♦ 各种能单独发出声音或和其他物品一起发出声音的材料，如积木、鹅卵石、棍棒、干树叶、干豆荚、很高的干草、木片、贝壳、橡子、树皮，等等（根据你的所在地／季节来选择）。

课程内容 KDI 41. 音乐。参见 KDI 51. 自然和物质世界。

COR 升级版 条目 Y. 音乐。参见条目 DD. 自然和物质世界。

开始 告诉儿童，很多天然材料也能被用作"乐器"，因为它们能发出有趣的声音。向儿童展示自然物的声音，如在双手间揉搓树叶，或用一块小石头敲击大点的岩石。和儿童谈一谈他们听到的声音品质。分发材料，然后说："我想知道，你将怎样用篮子里的东西来发出像乐器一样的声音。"

过程 鼓励儿童用一系列自然物来进行试验。说一些话，如："我想知道，你能用这根棍子制造出哪些不同的声音。"或者："还有能发出相同（或不同）声音的物品吗？"讨论一下，这些声音是怎样让他们想起了其他乐声。例如，你可以说："莎莎草的声音让我想起了用扫帚扫在钹上的声音。"描述并鼓励幼儿描述他们听到的声音和创造的声音。

右页表格中提供了一个案例，它说明了在不同发展水平上，幼儿可能会说的话和可能会做的事，并提供了鹰架方案，用于支持并适当扩展儿童的学习。前文也提供了一些鹰架表格，里面包含了很多额外的想法。关于鹰架，你还可以读一读第 3 章中的相关内容。

不同发展阶段的鹰架支持策略		
早　期	中　期	后　期
幼儿可能会 探索一两种材料的发声属性。例如，用手铲鹅卵石，或揉压干树叶。	**幼儿可能会** 用不同的组合方式来探索。例如，用木棍刮树皮、搅动树叶，拍打岩石。	**幼儿可能会** 把稳定的节拍整合进探索中。
成人可以 模仿儿童的动作。 **扩展学习**：提醒幼儿倾听其他人正在探索的声音："艾拉娜（Ilana）也在玩鹅卵石，她把鹅卵石投到大积木上，我们一起听一听。"	**成人可以** 用诸如"沙沙声""嗖嗖声""叮铃声"以及刮擦声等词语评论儿童创造出的声音。 **扩展学习**：鼓励儿童改变声音的节拍或音高来探索更多可能（如小石头会比大石头发出更高的音）。	**成人可以** 用材料创造同样的节拍，然后改变节拍，看儿童是否会模仿。 **扩展学习**：请儿童用自己创造出的声音来伴奏，创作一首歌曲。

结束　活动结束前 3 分钟提醒儿童。和他们一起收集材料，告诉孩子们如果他们想要在工作（时间）时间继续使用材料，可以在哪里找到它们。告诉儿童，像他们制造声音时做的那样（例如跺脚并拖着脚步走）过渡到一日常规中的下一项活动。

后续活动　继续在户外寻找能发出声音的自然材料，并把材料带到教室中来，让儿童进行探索。

3 制作并摇晃沙锤

> **概述** 幼儿用不同材料制作沙锤，并演奏沙锤。

时段 小组活动时间

材料

♦ 带盖子的塑料水瓶。

♦ 填充物，如五金垫圈、珠子、鹅卵石、沙子、一分钱硬币、弹珠及（如果你的幼儿园允许在吃之外用别的方式使用食物）大米、豆子或干意面。

♦ 纸杯（用来帮助幼儿把填充物倒进瓶子中）。

课程内容 KDI 41. 音乐。参见 KDI. 17. 小肌肉运动技能。

COR 升级版 条目 Y. 音乐。参见条目 J. 小肌肉运动技能。

开始 让幼儿闭上眼睛聆听。摇晃沙锤（如填满沙子的沙锤），请幼儿描述他们听到的声音。摇晃另一种沙锤（如填满鹅卵石的沙锤），问问幼儿，两种沙锤发出的声音有什么不同。向幼儿解释这种乐器叫作"沙锤"，今天他们将要自己制作沙锤。给每名幼儿一个装着水瓶和三种填充物的篮子，对幼儿说："我想知道，你将把哪种东西放进你的沙锤中，它们将会发出什么样的声音。"

过程 在桌子周围巡视，如果需要，帮助幼儿填满并盖紧他们的沙锤。鼓励幼儿尝试用不同的瓶子来装，用不同的填充物来填充。也鼓励幼儿用不同方式来移动沙锤（摇晃、滑动、快速旋转），并倾听发出的声音。请幼儿倾听其他人做出的沙锤的声音，并猜一猜里面装的是什么。

右页表格中提供了一个案例，它说明了在不同发展水平上，幼儿可能会说的话和可能会做的事，并提供了鹰架方案，用于支持并适当扩展儿童的学习。前文也提供了一些鹰架表格，里面包含了很多额外的想法。关

于鹰架，你还可以读一读第 3 章中的相关内容。

不同发展阶段的鹰架支持策略		
早　期	中　期	后　期
幼儿可能会	**幼儿可能会**	**幼儿可能会**
用几种东西填充自己的瓶子，并摇晃瓶子，探索如何发出很大的声音和很轻柔的声音，或探索如何快速地发声和如何慢慢地发声。	在瓶子中填充一种或更多种材料。	用不同填充物制作不止一种沙锤。
成人可以	**成人可以**	**成人可以**
模仿并评论幼儿摇晃瓶子的方式。	请幼儿说一说他们是如何决定放哪种材料的。	问问幼儿该怎样做出一个听起来与他们的沙锤一样的乐器，然后按照他们的方法来制作一个。
扩展学习：出声地说出自己的好奇："如果在瓶子中添加更多材料，或添加不同的材料，沙锤的声音会变得怎样呢？"	**扩展学习**：建议幼儿闭上眼睛，同时成人摇晃（成人制作的或幼儿做的）沙锤，请他们猜一猜摇晃的是哪种沙锤。	**扩展学习**：鼓励幼儿用不同的节奏来摇晃沙锤，并模仿他们的行为。

　　结束　以"沙锤乐队"的方式过渡到下一项活动。幼儿集合好之后，把所有沙锤收集到一个篮子中，并告诉幼儿，这些乐器将和其他乐器存放在一起，他们可以在工作（选择）时间使用。如果幼儿想要把自己的沙锤带回家，让他们把沙锤放在自己的小房间中。

　　后续活动　在大组活动时间使用沙锤。例如，让幼儿伴随不同的音乐节拍来摇晃沙锤并走动。在活动结束前用沙锤发出提醒，例如，在工作（选择）时间即将结束时，走进每一个区域，摇晃沙锤 5 次，暗示还有 5 分钟要开始清理活动了。

4 唱出你的感受

概述　幼儿唱出自己的感受，并用面部表情和动作表现这些感觉。

时段　大组活动时间

材料

无

课程内容　KDI 41. 音乐。参见 KDI 9. 情感。

COR 升级版　条目 Y. 音乐。参见条目 D. 情感。

开始　演唱《幸福拍手歌》。做第一个动作（拍手），让幼儿模仿。问问幼儿想要用什么动作来表达自己的快乐，然后演唱《幸福拍手歌》，并用刚才幼儿提出的动作来表演，这个动作也可以是面部表情（如微笑或张大嘴巴）或一种动作（如，跳起来或摇摆）。

歌词：

如果幸福你就拍拍手（或其他动作，唱两次）呀，

如果幸福应该让大家知道呀，让大家知道。

（重复第一行）

过程　演唱"如果悲伤"的歌词，让幼儿想出面部表情或动作，然后再次唱出歌词并同时做动作。如果幼儿有自己的想法，鼓励他们想出其他情感和动作。鼓励幼儿讨论每一种感受。

右页表格中提供了一个案例，它说明了在不同发展水平上，幼儿可能会说的话和可能会做的事，并提供了鹰架方案，用于支持并适当扩展儿童的学习。前文也提供了一些鹰架表格，里面包含了很多额外的想

法。关于鹰架，你还可以读一读第 3 章中的相关内容。

不同发展阶段的鹰架支持策略		
早　期	中　期	后　期
幼儿可能会 观察（倾听）其他人，而不加入演唱或做动作。	**幼儿可能会** 唱出大部分歌词，做出所有表情或动作，但是不能提出自己的想法。	**幼儿可能会** 提供关于表情或动作的想法，以配合成人说出的情感。
成人可以 询问幼儿是否想要尝试其中一种动作，如果幼儿拒绝，也请接受其选择。 **扩展学习**：鼓励幼儿观察成人和其他幼儿做的事，并重复其他人的想法，例如："约瑟（José）说，他在生气时会跺脚。"	**成人可以** 在幼儿旁边做出表情或动作，同时点头表示鼓励。 **扩展学习**：问幼儿："当你感到……（命名一种简单的情感，如高兴、悲伤、生气）时，你会做什么？"	**成人可以** 重复幼儿的想法，并鼓励其他幼儿做出表情或身体姿势。 **扩展学习**：鼓励幼儿想出其他情感，然后唱出来并做出动作。和幼儿讨论一下是什么使他们产生了某种感受，例如："什么会让你感到失望？"

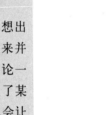

　　结 束　告诉幼儿，你们会再唱一遍歌曲，并请他们想出一种情感、表情或动作。问问幼儿，当他们进行一日常规中的下一项活动时，他们会有什么样的感受（例如："在餐点时间吃苹果片时，你是什么感觉？"）。并请幼儿唱着相应的歌词，伴随着相应的表情或动作过渡到那一项活动中去。

　　后续活动　唱一唱其他幼儿熟悉的歌曲，让幼儿能够替换歌词并想出相应的动作或声音。例如，《农夫在小溪谷》（*The Farmer in the Dell*）这首歌可以让幼儿替换动作并发出动物的声音，或者《公车轮子转呀转》（*The Wheel on the Bus*）可以让幼儿替换车上的人或车子的部件，并表演出来。还有其他一些例子，参见本章活动 10。

5 倾听并模仿声音

> **概述** 带幼儿出去走一走，倾听环境中的声音，并模仿听到的声音。

时段 大组活动时间，在户外进行

材料

无

课程内容 KDI 41. 音乐。参见 KDI 51. 自然和物质世界；KDI 58. 生态。

COR 升级版 条目 Y. 音乐。参见条目 DD. 自然和物质世界。

开始 告诉幼儿，今天将要出去走一走，去倾听一下周围的声音。走出去不久就可以停下来，问问幼儿听到了什么。（开始可以是容易听出来的声音，例如狗叫、乌鸦叫，或货车隆隆作响走过的声音。）鼓励幼儿分辨声音并模仿。

过程 继续行走，鼓励幼儿倾听来自不同方向和地点的声音，例如，天空中的声音。鼓励幼儿倾听由人、动物、车辆以及其他设备制造出来的声音。你可能时不时地需要提醒幼儿倾听，可以说："让我们都安静下来，这样就可以听到了。"

右页表格中提供了一个案例，它说明了在不同发展水平上，幼儿可能会说的

话和可能会做的事，并提供了鹰架方案，用于支持并适当扩展儿童的学习。前文也提供了一些鹰架表格，里面包含了很多额外的想法。关于鹰架，你还可以读一读第 3 章中的相关内容。

不同发展阶段的鹰架支持策略		
早　期	中　期	后　期
幼儿可能会 注意到声音，并指出声音来自哪儿（如天空或树上）。	**幼儿可能会** 说"那是垃圾车"，以此确定所听到的声音。	**幼儿可能会** 描述并模仿他们听到的声音，例如说："垃圾车走得非常快，还发出呜呜声。"
成人可以 看向幼儿所指的方向，并认可自己也听到了那个声音。 **扩展学习**：确定声音的来源，说类似的话："在树上有一只鸟。""那是火车的汽笛声。"	**成人可以** 重复幼儿用的词或给出的标签，然后请幼儿闭上眼睛，倾听其他声音。 **扩展学习**：鼓励幼儿模仿他们确定的声音。	**成人可以** 询问幼儿还能说出其他什么声音。 **扩展学习**：问问幼儿，如果做其他事，这些物品还能发出什么声音，例如："我想知道，如果货车走得慢一点，它会发出什么样的声音？"或者："假设鸟现在很生气，它会发出什么样的声音？"

　　结　束　在返回并接近幼儿园的路上，请幼儿倾听最后一种声音。在走进幼儿园后，让他们再次发出这个声音，为一日常规中的下一项活动做好准备。

　　后续活动　在不同的天气条件下（如刮风的天气）和不同的季节（如春天，此时幼儿可以听到更多鸟叫声；或者在秋天，此时落叶和草丛也会发出声音）重复这项活动。

6　铃铛，铃铛，铃铛

概述　幼儿用自己的双手和能产生不同声音的小工具来探索不同类型的铃铛。

时段　小组活动时间

材料

♦ 各种铃铛，如手铃、门铃、牛铃、共鸣铃、管钟（注意：对于抓握铃铛有困难的幼儿，用魔术贴把铃铛绑在他们的手上）。

♦ 木制、金属制和塑料制的工具，如冰棍杆、鼓槌、带有坚硬的和柔软的鬃毛的刷子、汤勺、橡胶刮铲、铅笔、筷子。

课程内容　KDI 41. 音乐。参见 KDI 52. 工具和技术；KDI 47. 实验；KDI 48. 预测。

COR 升级版　条目 Y. 音乐。参见条目 CC. 实验、预测和得出结论。

开始　告诉幼儿，今天他们将要玩一些铃铛。用手和不同的动作来让铃铛发出声音，邀请幼儿每人尝试一种方式。用工具来敲击铃铛，鼓励幼儿也用一种工具来敲击自己的铃铛。说类似的话："我注意到，当我用汤勺敲击时，铃铛发出了不同的声音。我想知道，用手和这些工具可以让铃铛发出多少种不同的声音？"

过程　说出不同铃铛的名字。鼓励幼儿用不同的手势动作和工具（例如摇晃、快速旋转或滑动铃铛，用手指击打铃铛，在桌子上敲铃铛，用木制或铁质的物体猛击铃铛等）来探索铃铛的声音。命名幼儿的动作，和幼儿讨论并比较铃铛发出的不同声音。

右页表格中提供了一个案例，它说明了在不同发展水平上，幼儿可能会说的话和可能会做的事，并提供了鹰架方案，用于支持并适当扩展儿童的学习。前文也提供了一些鹰架表格，里面包含了很多额外的想法。关于鹰架，你还可以读一读第 3 章中的相关内容。

不同发展阶段的鹰架支持策略		
早　期	**中　期**	**后　期**
幼儿可能会 用手探索一两种铃铛。	**幼儿可能会** 探索了一系列铃铛和（或）工具。	**幼儿可能会** 比较不同铃铛发出的声音，以及用不同工具让铃铛发出的声音。
成人可以 模仿并描述幼儿的动作。 **扩展学习**：用一种工具让铃铛发出声音，并鼓励幼儿用一种工具来尝试。	**成人可以** 重复说铃铛的名字，并鼓励幼儿描述每种铃铛发出的声音。 **扩展学习**：比较并激励幼儿比较用手和用一种或多种工具所制造的不同声音。	**成人可以** 请幼儿说一说他们使用的是哪种铃铛、哪种工具，然后成人也可以尝试着发出同样的声音。 **扩展学习**：鼓励幼儿预测不同铃铛与不同工具相结合时将发出什么样的声音。例如，可以问问幼儿，当用同一种工具敲击两种不同的铃铛时，将会听到怎样不同的声音？或者，成人也可以说："你觉得，如果用木制的冰棍杆来敲击铃铛，或用金属制的汤勺来敲击铃铛，声音是不是会更大呢？"

　　结束　告诉幼儿，再尝试敲击一次铃铛之后，小组活动就即将结束。让幼儿拿着（并敲击）铃铛，来到储存乐器的区域，然后过渡到下一项活动。提醒幼儿，在工作（选择）时间他们可以继续探索这些铃铛。

　　后续活动　在计划时间和回顾时间使用铃铛。例如，把区域标志放在铃铛下面，然后让幼儿选择并奏响想要去的区域（如果是在回顾时间，就是已经去过的区域）中的铃铛。为幼儿提供其他成套的乐器，在小组活动时间探索，例如，一套打击乐器可以包括：鼓、节奏棒、三角铁、铃鼓、钹、木琴。

7 降落伞音高

概述 幼儿随着举高和降低的降落伞来调整自己的音高，进而探索自己的音域。

时段 大组活动时间

材料

无

课程内容 KDI 41. 音乐。参见 KDI 45. 观察；KDI 46. 分类。

COR 升级版 条目 Y. 音乐。参见条目 BB. 观察与分类。

开始 全体站成一个圆圈，每个人握住大降落伞的一角。讨论一下低音和高音，然后唱出每种声音（要用非常高的音和非常低的音来增强二者之间的区别）。把降落伞降低至地面，鼓励幼儿发出能发出的最低的声音。举高降落伞，鼓励幼儿唱出高音。

过程 在幼儿探索过非常高的音和非常低的音之后，慢慢降低降落伞，鼓励幼儿同时逐步降低嗓音的音高。同样，慢慢举高降落伞，再逐步升高嗓音。请幼儿建议降落伞应该被举高还是被降低，高或低多少（如，最高、最低，或半高、半低），然后据此调整声音的音高。

右页表格中提供了一个案例，它说明了在不同发展水平上，幼儿可能会说的话和可能会做的事，并提供了鹰架方案，用于支持并适当扩展儿童的学习。前文也提供了一些鹰架表格，里面包含了很多额外的想法。关于鹰架，你还可以读一

读第 3 章中的相关内容。

不同发展阶段的鹰架支持策略		
早　　期	**中　　期**	**后　　期**
幼儿可能会 举高或降低降落伞，但是声音没有变化。	**幼儿可能会** 再现最高音和最低音。	**幼儿可能会** 按照动作的尺度来滑动声音。
成人可以 让幼儿注意同伴发出的声音："让我们来听一下，当降落伞降低（或升高）时，我们的嗓音是怎样变化的。" **扩展学习**：鼓励幼儿模仿听到的声音。	**成人可以** 命名并模仿幼儿制造的声音。 **扩展学习**：鼓励幼儿让自己的嗓音发出两个音之间的声音，并按照一定的尺度滑上、滑下自己的声音。	**成人可以** 唱出一个不同的音高，然后请幼儿在这个音的基础上升高、降低嗓音。 **扩展学习**：请幼儿想出其他方法来表现降落伞移动过程中的不同声音。例如，当降落伞降低时，声音更轻柔；当降落伞升高时，声音逐渐变大。

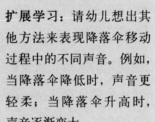

结　束　告诉幼儿，你将再次举高并降低降落伞，请他们提出该怎样改变自己的嗓音。把降落伞收起来，在降落伞还摊开时，鼓励幼儿用一个音高来开始；当降落伞逐渐收拢时，用另一个音高来结束。

后续活动　探索在升高和降低降落伞的过程中，幼儿能够发出的其他声音变化。例如，降落伞降低时发出连续的声音；降落伞升高时发出间断的声音。用其他方式来移动降落伞，例如，在圆圈上行走，然后请幼儿想出嗓音伴随降落伞运动的方式。

8 伴着音乐画画

概述 幼儿用绘画的方式来表达不同类型的音乐所激发的情感。

时段 小组活动时间

材料

◆ 颜料、画纸、画刷。

◆ 几种用乐器演奏的、节拍不同的音乐片段（无歌词，每段约3分钟）及音乐播放机。

◆ 绘画时的工作服。

◆ 海绵、纸巾、水碗等清洁用品。

课程内容 KDI 41. 音乐。参见 KDI 9. 情感；KDI 17. 小肌肉运动技能。

COR 升级版 条目 Y. 音乐。参见条目 D. 情感；条目 J. 小肌肉运动技能。

开始 告诉幼儿，今天他们将要倾听不同类型的音乐，然后画出音乐让他们感受到的东西。播放第一段音乐（慢速、安静的音乐），然后问问幼儿注意到了音乐中的什么。换一段完全不同的音乐（快速的或非常大声的），问问幼儿这段音乐与第一段有什么不同。说类似的话："这段音乐更快，所以我准备快速地移动我的画刷。"或者："我听到了鼓的声音。所以我准备假装画笔是一把鼓槌，在纸上敲鼓。"教师边说边演示。为幼儿分发画具，然后对第一段音乐做出回应。几分钟后，告诉幼儿，将要变换音乐，再次播放第二段音乐。

过程 继续播放不同类型的音乐。告诉幼儿可以在同一张纸上绘画，也可以每段音乐都用不同的纸。全体围成圆圈坐下，成人坐在中间，描述并鼓励幼儿描述音乐的品质、幼儿用刷子画画的动作，以及他们在纸上所创造的效果。用与音量、节拍、音高、音质有关的词语，如"大声的""轻柔的""快速的""慢速的""高音""低音""平滑的""跳跃的"来进行描述。

　　下面的表格中提供了一个案例，它说明了在不同发展水平上，幼儿可能会说的话和可能会做的事，并提供了鹰架方案，用于支持并适当扩展儿童的学习。前文也提供了一些鹰架表格，里面包含了很多额外的想法。关于鹰架，你还可以读一读第 3 章中的相关内容。

不同发展阶段的鹰架支持策略		
早　期	中　期	后　期
幼儿可能会 探索绘画材料，没有将材料与音乐相关联。	**幼儿可能会** 描述一两种音乐的品质，例如，他们可能会说音乐很大声或很快。	**幼儿可能会** 把音乐的多种品质整合进绘画作品中，如用点和线分别表现快速和慢速，用锯齿线和涂鸦分别表现高音和低音。
成人可以 描述并鼓励幼儿描述自己的行为，例如："你正在用刷子在纸上一圈又一圈地画着。" **扩展学习**：倾听并讨论音乐的品质。（注意：如果幼儿想要画画，而不想听音乐，也要尊重他们的选择。）	**成人可以** 重复幼儿的描述，并评论他们是怎样在绘画中表现这些品质的："你移动画刷非常快，因为音乐也很快。" **扩展学习**：使用其他描述性术语，并出声地表示好奇幼儿是怎样画的。	**成人可以** 评论幼儿所用的各种绘画技巧。 **扩展学习**：向幼儿介绍新的词语（如"流动的"或"间断的"），鼓励幼儿以不同方式来使用刷子，表现那些音乐品质。

　　结束　让幼儿知道，即将演奏最后一段音乐。和幼儿一起，清理绘画工具。对于那些想要保存自己作品或把作品带回家的幼儿，把他们的作品挂起来晾干。播放一段新的音乐，让幼儿配合音乐过渡到下一项活动中。

　　后续活动　让幼儿用其他艺术材料（如彩色铅笔、模型黏土、拼贴材料）来再现音乐的品质和自己的想法。鼓励幼儿讨论音乐让他们有什么样的感觉，当他们想要再现音乐的特征时，声音让他们想起了哪些物品和事件。

9 唱着回顾

概述　和着《你曾见过一个小姑娘吗》(*Did You Ever See a Lassie?*) 的曲调，幼儿与同伴分享一件物品，并唱出在工作（选择）时间用这件物品做了什么。

时段　回顾时间

材料

♦ 纸袋。

♦ 每名幼儿在纸袋中放一件在工作（选择）时间玩过的玩具。

课程内容　KDI 41. 音乐。参见 KDI 1. 主动性；KDI 6. 反思。

COR 升级版　条目 Y. 音乐。参见条目 A. 主动性和计划性；条目 C. 反思。

开始　请每名幼儿在自己的纸袋里放一件在工作（选择）时间玩过的物品，然后带到回顾时间来。告诉幼儿，他们将要配合着《你曾见过一个小姑娘吗》的曲调（幼儿可能已经熟悉了这首歌曲，如果不熟悉，也可以用其他熟悉的歌曲）唱一唱这件物品，以及他们用这件物品做了什么。和幼儿一起唱出一个例子，如："我在艺术区，艺术区，艺术区玩。我在艺术区玩，我用了红色的颜料。"

过程　在幼儿回顾时，鼓励他们通过唱其他歌词来添加细节。例如，建议幼儿唱一唱用锤子做了些什么，或者说："磁带缠在一起了，你们解决了这个问题。唱一唱你是怎么做的。"

右页表格中提供了一个案例，它说明了在不同发展水平上，幼儿可能会说的话和可能会做的事，并提供了鹰架方案，用于支持并适当扩展儿童的学习。前文也提供了一些鹰架表格，里面包含了很多额外的想法。关于鹰架，你还可以读一读第 3 章中的相关内容。

不同发展阶段的鹰架支持策略		
早　期	中　期	后　期
幼儿可能会 只命名物体，而不演唱。	**幼儿可能会** 唱出关于物品的一种特征，或他们用物品做了什么，能使用歌曲中时间部分的曲调，其余部分则用随机音高。	**幼儿可能会** 在整个回顾时间保持曲调。
成人可以 认可并重复幼儿说的话。	**成人可以** 和幼儿一起唱歌。	**成人可以** 鼓励其他幼儿倾听能在唱自己所做的事过程中保持曲调的幼儿。
扩展学习：唱出歌曲简单的歌词，如："你在娃娃家，娃娃家（等）玩……你做了比萨。"	**扩展学习**：鼓励幼儿为回顾添加更多细节。	**扩展学习**：请幼儿用额外的细节添加歌词，问问他们是否想要自己创作曲调。

　　结束　在每个人都回顾之后，让他们把物品放在一边。然后，用同样的曲调唱出在一日常规中每个人都将进入的下一项活动。例如："我们即将进入点心时间，点心时间，……"请幼儿想出最后一行："我们将在哪儿……"

　　后续活动　在计划时间，让幼儿唱一唱他们计划玩的区域，以及将在那里做什么。对这个活动的计划时间和回顾时间，尽量尝试幼儿熟悉的不同曲调，例如，幼儿可以用《小星星》的曲调唱："我在娃娃家，娃娃家，娃娃家玩。我在娃娃家玩，我……"

10 动 物 歌 曲

> **概述**　和着《公车上的轮子转呀转》这首歌的曲调，幼儿为动物的声音命名并唱出这些声音。

时段　大组活动时间

材料

无

课程内容　KDI 41. 音乐。参见 KDI 46.

分类：KDI 51. 自然和物质世界。

COR 升级版　条目 Y. 音乐。参见条目 BB. 观察与分类；条目 DD. 自然和物质世界。

　　开始　和着《公车上的轮子转呀转》的曲调唱："狮子喜欢唱歌，喜欢唱歌，喜欢唱歌。狮子喜欢唱这首歌，嗷嗷嗷！"鼓励幼儿和你一起唱两遍以上。

　　过程　反过来，请幼儿说出一种动物以及动物发出的声音。用幼儿的答案来和幼儿一起唱至少两遍歌曲。幼儿还可能想要添加身体动作，如像猴子一样跳，像兔子一样蹦。如果他们不知道某种动物的声音是什么样子的，鼓励他们发明一种声音，例如，你可以说："我想知道，小蚂蚁的声音是什么样子的。"

　　右页表格中提供了一个案例，它说明了在不同发展水平上，幼儿可能会说的话和可能会做的事，并提供了鹰架方案，用于支持并适当扩展儿童的学

习。前文也提供了一些鹰架表格，里面包含了很多额外的想法。关于鹰架，你还可以读一读第 3 章中的相关内容。

不同发展阶段的鹰架支持策略		
早　期	**中　期**	**后　期**
幼儿可能会	幼儿可能会	幼儿可能会
观察并偶尔唱一部分歌曲，或表演其中几个动作。	唱出所有歌词，并表演动作，但不能主动贡献自己的想法。	提供自己的想法，并能模仿其他人的想法。
成人可以	**成人可以**	**成人可以**
评论幼儿的行为："朱尔斯（Jules），你在像蛇一样发出嘶嘶声。"	和幼儿一起唱并做动作。	重复幼儿的想法，并鼓励全班来学一学。
扩展学习：建议幼儿像动物一样移动。	**扩展学习**：问问幼儿是否能想出其他动物的声音或动作，如果幼儿不愿意，接受他们的想法。	**扩展学习**：问问幼儿，如果开心（伤心、生气、饿了，等等），动物会发出什么样的声音，然后根据幼儿的反应用不同音调唱出同样的歌词（如，感到生气时，狮子会大声吼叫；感到饥饿时，牛会发出"哞——哞——"的长叫）。

　　结　束　告诉幼儿将要唱最后一遍。活动结束后，请幼儿像唱过的某种动物那样发出声音，并做出其动作，过渡到一日常规中的下一项活动。

　　后续活动　让幼儿用其他熟悉的歌曲来替代动物的声音（和动作）。例如，和着《两只老虎》的曲调唱："我是小鸡，我是小鸡，听我叫，听我叫。叽叽，叽叽，叽叽，叽叽。叽叽，叽叽，叽叽，叽叽。我是小鸡，听我叫。"如果不用动物，也可以用交通工具或其他幼儿感兴趣的东西来替代。

第6章 律动活动

在过去效力于教育领域的 47 年中，我们通过舞蹈和运动来描述：国王的马儿争相帮助汉普蒂·邓普蒂；毛毛虫化为蝴蝶，蝌蚪变成青蛙；季节变化，四季轮转；公共汽车的轮子在去动物园的路上滚动；数字表和单词拼写……。每种想法里都充满了无数的可能性。（Chenfeld，2005，pp. 50-51）

儿童的律动发展

幼儿热衷于通过创造性律动来表达自己，即"采用一种熟悉的律动方式，并以某种方式稍加变化"（Sawyers，Colley，& Icaza，2010，p. 32）。学前儿童喜欢尝试并发明新的方法来使用身体。他们模仿同伴的动作，迎接律动挑战（"你怎样才能在不用脚的前提下到桌子旁？"），创造性地为自己设置考试科目（"看看我能走得多矮和多高！"）。

儿童在律动时需要一点鼓励。婴儿和学步儿渴望掌握基本的律动技能。学前儿童律动时更协调、更自信，能更自由地向新的方向推进物理极限。根据身体提供的即时反馈，他们慢慢地进行自我调节。他们知道自己何时会成功——他们保持直立，到达自己想去的地方，或是激励他人模仿自己。同样，他们也知晓自己什么时候没有实现目标——当他们失去平衡、错过了自己标记的符号，或不能清楚地表达自己的想法时。当这种情况发生时，他们用自己的身体解决问题，直到他们的行为和脑子中的想法相符。

尽管儿童有强大的内在驱动力想要创造性地进行律动，但研究令人惊讶地发现，幼儿使用身体的方式非常有限。例如，听音乐时，三岁的幼儿可能会原地律动，而四五岁的儿童倾向于上下、左右或是转圈律动（Sims，1985）。通常需要成人为学前儿童提供创造性挑战，儿童才会在律动时突破熟悉或规定的方式。"儿童不太可能见到立体方格铁架就决定要假装在晾衣绳上晾衣服；然而，游戏的主导者——在和儿童的互动中，通过提出引导性问题为某些技能提供指导却不控制儿童的人——可以提出这样的活动。"（Pica，2011，p. 58）

随着学前儿童理解语言能力的增长，记住物体、人和行动图像能力的增强，他们可以将律动用作创造性表现的形式。他们可以像巨人一样高高在上、动作迟缓，像气球一样飘浮在空中，或是像汽车一样在房间横冲直撞。通过律动表达自己的感受、体验和想法，有助于培养幼儿的自信心，相信自己用身体沟通的能力。这种运动中身体上的舒适感和创造力会渗透到其他学习领域，增强儿童的自信，相信自己的读写能力、社交能力和想象力（Centers for Disease Control，2010）。实际上，和所有其他创造性艺术一样，表达性律动与学前教育课程中几乎所有领域都有关联。

例如，研究表明，参加律动活动有助于改善儿童听从指示、听取提示并尊重共享空间中其他人需求的能力（Dow，2010）。"在创造性律动中，儿童学习先思后动、关注细节、思考不同经历之间的差异。"（Marigliano & Russo，2011，p.48）这些观察结论得到了大脑研究的证实，与音乐训练中发现的结论相似。神经学研究发现，律动和练习可激发新的脑细胞生长，促进学习。律动可提高警觉性、注意力和行动力，刺激神经细胞相互结合，这是捕捉新信息的基础（Ratey，2008）。跟随稳定节奏律动的能力已被认定与听觉脑干的反应有关，而听觉脑干的反应和语言发展相关（Tierney & Kraus，2013）；有语言和读写障碍风险的儿童在接受训练使自己的动作与稳定的节奏同步后，他们的阅读技能也得到了提高。最后，律动体验会影响创造性活动的其他方面。律动体验能提高思考能力，激发独创的想法，启发儿童开始处理抽象概念（Bradley，2002）。换言之，幼儿可学会在头脑中转变观念，即兴发挥，并从不同角度进行形象思考。

支持律动的材料和设备

当儿童使用以下设备及材料时，他们的律动探索能力将得以增强。

- 丰富多样的器乐；
- 可手持并移动的乐器（手鼓、沙锤）；
- 围巾、丝带、飘带；
- 可拉扯、转动、从上面跨越和从下面钻过去的防水布、床单和毯子；
- 纸盘；
- 铁环；
- 凌波棒[①]（Limbo sticks）；
- 橡胶轮胎；
- 儿童可用创造性方式投掷和踢打的材料（沙包、球）；
- 儿童可使用不同的身体部位安全地攀爬、悬吊和跳跃的设备（轮胎秋千、斜坡、台阶、木板、低矮的平衡木、床垫、呼啦圈）。

如需了解更多资讯，请参见《高瞻学前课程模式》（Epstein & Hohmann，2012，Chapter 6，pp.171-221）。

支持律动的教学策略

教师可通过将下面这些想法付诸实践，来鼓励儿童每天进行律动。

---

① "Limbo" 是一种舞会活动，生日舞会、热带主题舞会都可以进行这项活动。"Limbo stick" 是一种有点像竹棍的塑料棒。舞会上，两个人在距离地面一定高度的位置上水平举着凌波棒，舞蹈者配合音乐扭动身体、向后下腰，从棒下通过，棒子距离地面的距离越来越近。——编辑注

描述，并鼓励儿童描述他们的创造性律动的方式

在全天评论儿童不同的律动方式。例如，你可能会看到某个孩子一边保持自己头上的物体平衡不动，一边穿过房间，或是在户外活动时间飞奔下坡。命名并描述这些律动，同时邀请儿童命名、描述。

鼓励儿童在集体活动和过渡时间解决律动问题

儿童会在玩耍时自然而然地解决律动问题，例如，骑三轮车时怎样转弯。他们也喜欢解决成人为他们设置的问题，例如：能想出多少种方式在矮桌子上面、下面或周围移动。迎接这样的挑战可锻炼他们的创造力。

为儿童提供机会通过律动来再现自己的经历

和其他艺术一样，律动为学前儿童提供了再现物体和动作的机会。可鼓励儿童在假装游戏中律动（"我想知道狗在累了的时候会怎样移动"）。让儿童在回顾自己工作时间的所作所为时表演出来，或是在过渡到下一项活动时像书本或故事里的人物一样移动，或是重现远足经历。

鼓励用简单的方式创造性地跟随音乐进行律动

儿童听到音乐就想要动。提供各种不同类型的音乐——节奏有快有慢，有轻快活跃的也有平稳流畅的，有连续节奏的也有切分节奏的——让儿童能跟随不同的声音律动。提供飘带或围巾之类的道具，增加儿童的创造力选择。模仿、命名并描述儿童怎样随着音乐律动，鼓励他们观察他人的律动方式并进行评论。如需了解更多关于在学前阶段支持律动的教学策略，参见爱泼斯坦（2012，Chapter 5）。

在律动中融合文化差异

律动，不管有没有音乐伴奏，通常都和独特的文化信仰及仪式相关。用照片、短片或现场表演（在可能的情况下），向儿童展示为了娱乐或仪式目的进行

律动的不同方式。为儿童提供舞蹈或仪式用的道具，供他们在大组活动时间探索，并添加到娃娃家的装扮物品中。

律动也是一日常规的一部分，例如父母摇晃孩子的方式，我们移动自己的身体的方式，或者我们刮脏盘子或擦手的动作。请家人思考他们在家律动的方式，包括在房子四周、在宗教庆典和其他聚会中自发的舞蹈。你们和他们可能都会被这些反思中揭示出的律动的多样性所震惊。下面这些想法可能会带给你启发。

表演者。你们可谈论这些艺术家，并提供他们的作品或样品：玛丽亚·托尔奇夫（Maria Tallchief，美国原住民舞者）；米斯蒂·科普兰（Misty Copeland，非裔美籍舞者）；格雷戈里·海恩斯（Gregory Hines，非裔美籍踢踏舞者）；阿尔文·艾利（Alvin Ailey，非裔美籍编舞）；比尔·T. 琼斯（Bill T. Jones，非裔美籍编舞）；朱迪斯·雅米松（Judith Jamison，非裔美籍舞者）；萨拉·巴拉斯（Sara Baras，弗拉明戈舞者）；谭媛媛（Yuan Yuan Tan，华裔舞者）；阿里西亚·阿隆索（Alicia Alonso，古巴舞者和编舞）；米哈伊尔·巴雷什尼科夫（Mikhail Baryshnikov，俄罗斯舞者）；安娜·帕夫洛娃（Anna Pavlova，俄罗斯舞者）；乌黛·香卡（Uday Shankar，印度舞者和编舞）。

流派。你可向儿童介绍下列舞蹈风格和节奏，它们共同反映了文化的多样性及其影响：萨尔萨舞（salsa，古巴）；西部乡村排舞；踢踏舞；嘻哈和霹雳舞；波尔卡舞（斯堪的纳维亚）；秧歌（中国）；巴厘岛舞（印度尼西亚）；肚皮舞（中东）；探戈（阿根廷）；圆圈舞（柬埔寨）；舞龙（中国）；梅伦格舞（Merengue，多米尼亚共和国）；踢踏舞（爱尔兰）；霍拉舞（Hora，以色列）；能舞（日本）；三驾马车舞

（troika，俄罗斯）；吉格舞和里尔舞（jig and reel，苏格兰）；卡塔克舞（Kathak，印度）；莫理斯舞（Morris dancing，英国）；美国原住民舞蹈仪式。

材料。你可向儿童介绍下列在不同文化的创造性律动中使用的物品：指钹；沙锤；旋转时可飞起来的裙子和长袍；编制的和印花的围巾；铁环；带有飘带的五月柱①（maypole）；硬底鞋；踢踏舞鞋；羽毛；面具；纸扇；带有铃铛的布条或皮带（握在手中或系在手腕和脚踝上）；长穗。

调整律动材料和活动以适应有特殊需求的儿童

行动不便的儿童可通过使用能活动身体部位和增加体能的辅助设备来参与律动活动。当同伴们看到有特殊需求的儿童怎样通过律动表现自己，也会激发他们在自己的创造性律动中使用更多的身体部位和动作。试试下面的想法，并根据你所在幼儿园中的儿童进行调整。

- 为使用和不使用移动设备的儿童提供充足的运动空间。
- 移除并（或）安全地扣紧任何可能被移动设备卡住的东西。
- 去除并（或）包上所有锋利或突出的边缘（为所有的儿童）。
- 鼓励无法移动全身的儿童移动他们能动的身体部位，例如挥动手臂、转动肩膀、改变头面对的方向。
- 儿童可用自己能移动的身体部位或是通过与其他孩子合作，表现某个形状或字母，而不必用自己的整个身体表现形状或字母。
- 鼓励儿童用自己可移动的身体部位来做律动或创编舞蹈故事。
- 鼓励儿童与健全的同龄人合作，让每个孩子提供一个或多个身体部位，例如一个孩子充当"手臂"，其他孩子充当"腿"。
- 带着飘带或纸盘之类的物品移动时，用魔术贴或橡皮圈将物品固定在儿童手上。

---

① 欧洲庆祝五朔节时使用的一种花柱。——编辑注

调整运动材料和活动来适应双语学习者（DLLs）

从本质上来看，律动适合表现自我，因此，它可成为加强感受性语言（receptive language，理解口语和书面语言的能力）的有用工具，可扩展英语的表达词汇。尝试下列方法，帮助双语儿童通过创造性律动来发展语言技巧。

- 鼓励儿童用母语来命名、描述自己的身体部位和创造性律动，并提供对应的英语。
- 用儿童在教室中说的语言和英语为运动设备及材料贴标签。
- 鼓励双语儿童和母语是英语的儿童在律动活动中合作，分享自己的发现和想法，互相帮助解决问题。
- 鼓励双语儿童在无须语言的律动活动中做引导和示范。他人的观察和跟随有助于帮助双语儿童树立信心，从而尝试正在萌芽的语言技能。

- 在律动活动中，让双语儿童和母语是英语的儿童搭档。教师充当翻译，帮助他们理解并实施对方的想法。向双语儿童确认，确保他们的想法得到了正确的理解和交流。向母语是英语的儿童确认，确保他们理解了双语儿童的意图。
- 学习儿童母语中关于律动（跑、跳、摇摆、弯曲）和身体部位（胳膊、腿、脖子）的名称，同时使用英语词汇，共同描述创造性律动。

1 故事律动

| 概述 | 表演故事时，儿童用不同的方式、用自己的身体进行律动。 |

时段 大组活动时间

材料

无

课程内容 KDI 42. 律动。参见 KDI 16. 大肌肉运动技能。

COR 升级版 条目 Z. 律动。参见条目 I. 大肌肉运动技能。

开始 告诉儿童你将讲述一个故事，并且在你讲述时，他们要表演出来。然后开始讲一个涉及用各种方式律动的故事，如爬着穿过森林、在沙滩上打滚或是在海里游泳。例如，你可以这样开始讲："萨拉（Sara）、赛义德（Sayed）和家人一起去海边旅行。他们先放下毯子（停下来让儿童演绎），然后，萨拉和赛义德沿着沙滩向大海跑去（停顿）——哎哟！因为太阳的照射，脚底的沙子太烫了。"（停顿）

过程 继续编故事（例如，描述潜水、泼水、游泳逃离鲨鱼），中途常常停下来让儿童创编相应的动作。请儿童在故事中加入自己的想法（"我们从一条鳄鱼旁跑开！"），并根据自己的想法律动。鼓励他们为自己的律动贴标签（命名），并互相观察、模仿。

右页表格中提供了一个案例，它说明了在不同发展水平上幼儿可能会说的话和可能会做的事，并提供了鹰架方案，用于支持并适当扩展儿童的学习。前文也提供了一些鹰架表格，里面包含了很多额外的想法。关于鹰架，你还可以读一读第 3 章中的相关内容。

不同发展阶段的鹰架支持策略		
早　期	中　期	后　期
幼儿可能会 用身体进行律动的方式与故事无关。	**幼儿可能会** 用单一的方式进行律动，演绎故事。	**幼儿可能会** 用复杂的方式进行律动，演绎故事。例如，他们可能会在地板上滑行、踢腿、用胳膊做出游泳动作。
成人可以 为儿童的动作贴标签并模仿："你在大步走，我也要那样做。"	**成人可以** 评论儿童的动作如何与故事情节相关："你在地板上滑动，表现出你在游泳。"	**成人可以** 询问怎样才能复制儿童的律动："请告诉我怎样像你一样移动我的胳膊和腿。"
扩展学习：评论其他儿童的律动，并鼓励儿童模仿。	**扩展学习**：让儿童描述自己的律动，并将律动与故事联系起来。	**扩展学习**：向儿童提出更多挑战（如说类似这样的话："假设海浪突然升高，那时你会怎样动？"），鼓励儿童在故事中增加一些具有挑战性的元素。

结束　结束故事，例如，让故事人物集合离开沙滩（或回家、回学校）。从故事中挑选一个元素（如在水中游泳），让儿童以那种律动方式进入一日常规的下一项活动。

后续活动　用一本熟悉的书作为故事的开头，鼓励儿童改编故事，或创编接下来发生了什么，然后设计相应的律动。在回顾时间，让儿童重复他们在工作时间的律动，随后说说做了什么。

2 粘在地板上

> **概述** 儿童假装身体的某些部位粘在地板上，在部分身体被固定了的情况下创造方法来律动。

时段 大组活动时间

材料

无

课程内容 KDI 42. 律动。参见 KDI 16. 大肌肉运动技能；KDI 18. 身体意识。

COR 升级版 条目 Z. 律动。参见条目 I. 大肌肉运动技能。

开始 告诉儿童要假装部分身体"粘在地板上"，他们需要弄清楚怎样在部分身体被固定了的情况下用身体的其余部分进行律动。为儿童做出示范，俯身或蜷伏，并把手放在地板上。然后进行律运，例如，把一条腿伸到一边，并描述自己在做什么："我不能动手，所以我在伸腿。"让儿童把手固定在地板上，然后说类似这样的话："我想知道你们会怎样移动身体的其他部位。"

过程 评论儿童用了身体的哪一部分来进行律动，以及他们是怎样律动的。例如，你可能会说："罗恩（Rowan）在摇头。""加法尔（Jaffar）在转脚。"让儿童想出还可以将其他哪些部分"粘在地板上"。鼓励他们交流想法、相互模仿。

右页表格中提供了一个案例，它说明了在不同发展水平上幼儿可能会说的话和可能会做的事，并提供了鹰架方案，用于支持并适当扩展儿童的学习。前文也提供了一些鹰架表格，里面包含了很多额外的想法。关于鹰架，你还可以读一读第 3 章中的相关内容。

不同发展阶段的鹰架支持策略		
早 期	中 期	后 期
幼儿可能会	**幼儿可能会**	**幼儿可能会**
在用身体其他部位律动时，原本应固定在地板上的部位也动了。	固定指定的身体部位时，用一种或两种方式律动其他身体部位。	将指定身体部位固定在地板上时，用多种方式律动其他身体部位。
成人可以	**成人可以**	**成人可以**
评论儿童正在动的其他身体部位，例如，幼儿可能会转头或扭屁股。	模仿儿童的动作并描述（同时鼓励儿童描述）他们在怎样律动。	评论儿童律动的不同方式。例如，如果儿童的脚"粘在地板上"，就可以说："玛蒂尔达（Matilda），你先把身体从一边扭到另一边，然后把手伸到头上，现在你在弯曲膝盖。"
扩展学习：说类似这样的话："我想知道，在把手固定在地板上的同时能够怎样转头。"	**扩展学习**：询问儿童在把指定的身体部位固定在地板上的同时，是否还有别的方式用其他身体部位进行律动；鼓励儿童观察、复制、改变其他儿童律动的方式。	**扩展学习**：建议儿童思考同时把两个身体部位"粘在地板上"，看看还有多少种不同的方式律动其他身体部位。

结束　告诉儿童，接下来要最后一次把某个身体部位"粘在地板上"。让他们在保持身体的某个部位静止不动的情况下，过渡到一日常规的下一项活动。也就是说，让儿童固定待在某个位置上。

后续活动　在大组活动时间，使用结束时所描述的过渡活动（在保持身体的某个或多个部位静止不动的情况下，律动身体的其他部位）。让儿童假装有个磁铁拉着身体的某个部位，他们不得不跟着率先移动的那一部分移动，穿过房间。在另一些大组活动时间，让儿童假装在泥浆、沙土或炽热的路面上行走。

3 彩虹圈运动

概述　儿童探索玩彩虹圈（一种螺旋弹簧玩具）的不同方式——用自己的手、用身体的其他部位，或是和伙伴一起玩。

时段　大组活动时间

材料

♦ 每人一个彩虹圈。

课程内容　KDI 42. 律动。参见 KDI 12. 建立关系；KDI 18. 身体意识。

COR 升级版　条目 Z. 律动。参见条目 F. 与其他儿童建立关系。

开始　告诉儿童，今天他们要探索一种名为彩虹圈的玩具。用手拉伸彩虹圈。给每个孩子一个彩虹圈，让他们看看怎样才能使之动起来。

过程　儿童用手让彩虹圈动起来后，建议他们用身体的其他部位使之动起来，如用手肘、小手指或大拇指、脚、膝盖、头、腹部或背部。建议与伙伴合作，拉伸两人之间的彩虹圈。描述并鼓励儿童描述他们在做什么。

右页表格中提供了一个案例，它说明了在不同发展水平上幼儿可能会说的话和可能会做的事，并提供了鹰架方案，用于支持并适当扩展儿童的学习。前文也提供了一些鹰架表格，里面包含了很多额外的想法。关于鹰架，你还可以读一读第 3 章中的相关内容。

不同发展阶段的鹰架支持策略

早　期	中　期	后　期
幼儿可能会	**幼儿可能会**	**幼儿可能会**
用双手将彩虹圈拉伸至不同长度。	用单手或双手及手指探索彩虹圈。	用身体的几个部位让彩虹圈动起来，并能用几种不同的方式来探索。例如，可用膝盖在地板滚动彩虹圈，把彩虹圈裹在腰上，或是将它从地板拉伸至头顶（和他们的身高一样长）。
成人可以	**成人可以**	**成人可以**
拉伸自己的彩虹圈，使其和儿童的一样长，并进行评论："我让我的彩虹圈和你的一样长（或短）。"并使用"伸展、拉伸、盘绕"之类的词。	描述并鼓励儿童描述他们的动作："你用小指头钩住彩虹圈的两头，拉到两边。"	模仿儿童使用彩虹圈的各种方法，然后让他们在成人身上重复那些动作（如将彩虹圈缠在成人的手腕上）。
扩展学习：说些诸如此类的话："我想知道你是怎样用一只手或是只用几根手指让彩虹圈动起来的。"并建议儿童尝试拉伸以外的运动方式，如扭动或抖动彩虹圈。	**扩展学习**：鼓励儿童试着用身体的其他部位运动彩虹圈，说诸如此类的话："你可以怎样用脚或手肘运动彩虹圈？"还可问问儿童除了拉伸彩虹圈，他们还能做什么。	**扩展学习**：鼓励儿童和同伴合作："假设你和艾登（Aiden）各自拿着彩虹圈的一头，你们要怎样动？"

结束　在活动即将结束前提醒儿童。然后把彩虹圈收走，提示儿童他们将进入工作（选择）时间。让儿童在进入一日常规中的下一项活动时，像彩虹圈一样运动。

后续活动　鼓励儿童在不同的物品和设备上探索使用彩虹圈，例如，用在他们搭建的积木结构上。将彩虹圈带到户外，让儿童在游乐设施和自然物上使用，如滑梯的底部、梯子的阶梯、攀爬架的横档、或高或矮的小山、大圆石及树桩之类的东西。

4 启动和停止身体造型

> **概述** 每当音乐停止时，儿童以不同的造型姿势"冻结"。

时段 大组活动时间

材料

♦ 可轻易启动并停止的音乐播放器。

♦ 录制好的器乐。

课程内容 KDI 42.律动。参见 KDI 18.身体意识；KDI 41.音乐

COR 升级版 条目 Z.律动。参见条目 Y.音乐。

开始 告诉儿童，今天要做个游戏，游戏内容是制作雕像。向他们说明雕像的造型是凝固的、不能动的。示范一个姿势，然后让儿童保持身体"冻结"，像个雕像一样纹丝不动。告诉儿童你要播放一些音乐，他们可以随心所欲地移动，但音乐停止时，他们必须像雕像一样静止不动。播放音乐，几秒后按下暂停键。提醒儿童静止不动。

过程 描述儿童的身体姿势。例如，你可以说："乔纳（Jonah）的造型是腿伸到边上。""勒妮（Renee）的造型是蹲下来。"鼓励儿童随着音乐富有表现力地进行律动。每次播放音乐之前提醒儿童，音乐开始后他们可以进行律动，但音乐停止时，他们必须"冻结"。鼓励儿童以不同的姿势"冻结"身体，每次的姿势都要和上一次有所区别。让每名儿童选择一种律动方式（或冻结姿势），让他人模仿。

右页表格中提供了一个案例，它说明了在不同发展水平上幼儿可能会说的话和可能会做的事，并提供了鹰架方案，用于支持并适当扩展儿童的学习。前文也提供了一些鹰架表格，里面包含了很多额外的想法。关于鹰架，你还可以读一读

第 3 章中的相关内容。

不同发展阶段的鹰架支持策略		
早　期	**中　期**	**后　期**
幼儿可能会 开始和停止律动的节奏与音乐不同步。	**幼儿可能会** 每次用一种或两种方式"冻结"。	**幼儿可能会** 尝试用不同的方式平衡（冻结）身体。
成人可以 偶尔重复指令"当音乐停止时静止不动"，但不要期待儿童会遵从指令，也不要强迫他们。 **扩展学习**：说些类似这样的话："我想知道，这次当我停止音乐时，你会摆出什么样的身体造型。"	**成人可以** 为儿童的姿势贴标签并模仿："我像你一样，胳膊放在头上站着"。 **扩展学习**：说些类似这样的话："我想知道你下次会不会用不同的方式'冻结'身体。"鼓励儿童观察其他孩子"冻结"身体的方式。	**成人可以** 评论儿童上次做了什么，以及这次正在做什么。 **扩展学习**：向儿童提出挑战，比如询问："当你静止不动时，胳膊可以摆出什么其他姿势？"

结　束　告诉儿童这是你最后一次播放音乐并停止。告诉他们，当开始过渡到下一项活动时，假装自己是一个"正在融化"的雕像。

后续活动　鼓励儿童在户外活动时间创建自己的"启动—停止"游戏。用真实的乐器或事物来制造声音（如大声敲击或刮擦的声音），而不是用录制好的音乐来标志启动和停止。在清理时间，让儿童暂时"冻结"，然后再进行清理工作。

5 越障训练

概述 儿童在越障训练中用不同的方式进行创造和运动。

时段 大组活动时间

材料

◆ 儿童可从上面越过、从下面钻过、在附近绕行并从中间穿过的物品，如内胎或轮胎；呼啦圈；平衡木；中空或木质的积木（堆叠在地板上排成一行，做成一堵矮墙）；空的大纸板箱（来源于家电用品）；道路障碍锥；底部朝上（用以踩在上面）或右侧朝上（用以踩在里面）的空咖啡罐。

课程内容 KDI 42. 律动。参见 KDI 16. 大肌肉运动技能；KDI 18. 身体意识；KDI 35. 空间意识。

COR 升级版 条目 Z. 律动。参见条目 I. 大肌肉运动技能；条目 T. 几何：形状与空间意识。

开始 开设一个越障训练课程，开始时课程提供可激发不同类型运动的三种物品，如 3 个呼啦圈、1 根平衡木和 1 个空纸板箱。告诉儿童这被称为越障训练，今天他们要以不同的方式穿过障碍物。展示怎样从上面越过、从下面钻过、在附近绕行和（或）从中间穿过物品，并为这些动作命名。邀请儿童以自己的方式穿过障碍。（注意：为减少碰撞，设置一个起点和一个终点，鼓励儿童向同样的方向移动，到达终点后返回起点。以空间冲突为契机，和儿童一起解决问题。）

过程 让儿童想办法在越障训练中增加其他物品。当你和他们穿越障碍物时，继续强调空间概念，如上面、下面、穿过、附近、中间。使用熟悉的表示位置和方向的词汇（在上面、在下面、往前、往后），并介绍新的词汇（领先、落后）。鼓励儿童做直线运动、曲线运动、保持身体或高或低，或是试试身体还能做些什么。建议他们用创造性的方式来移动，让其他人模仿。

右页表格中提供了一个案例，它说明了在不同发展水平上幼儿可能会说的话和可能会做的事，并提供了鹰架方案，用于支持并适当扩展儿童的学习。前文也提供了一些鹰架表格，里面包含了很多额外的想法。关于鹰架，你还可以读一读

第 3 章中的相关内容。

不同发展阶段的鹰架支持策略		
早 期	中 期	后 期
幼儿可能会 从一处移动（比如走路）到另一处，却没有用不同的方式越过障碍物。	**幼儿可能会** 使用一种或两种运动方式，而不管自己碰到的是什么物品。例如，他们可能会试图用脚踏过每一个障碍物。	**幼儿可能会** 在越过障碍物时尝试不同的运动方式。
成人可以 描述儿童在什么地方用什么方式运动："你从道路障碍锥走到积木堆。" **扩展学习**：从同样的起点出发，展示绕着物品运动（从下面或中间穿过，诸如此类的方式），然后到达下一个物品时重复同样的动作，并使用表示位置和方向的词汇描述正在做什么，同时邀请儿童模仿（如果他们不愿意，接受他们的选择）。	**成人可以** 模仿儿童的动作。 **扩展学习**：说诸如此类的话："我想知道，当你到那儿（物品）时，你还能怎么动？"鼓励儿童观察其他孩子靠近物品时是怎样运动的，并鼓励他们亲身尝试那些运动方式。	**成人可以** 模仿儿童的动作并命名，强调动作的不同之处："你跳过了那排积木，却走路绕过了塔楼。" **扩展学习**：建议儿童挑战其他运动方式："怎样才能不站着就走到呼啦圈的另一边？"

结　束　告诉儿童每人还有一次机会穿越障碍物。和儿童一起将障碍物放回平时存放的地方。当儿童开始进行一日常规的下一项活动时，让他们假装自己必须通过某个障碍物（如平衡木或地板上的大洞）。

后续活动　重复这项活动，使用难度系数越来越高的障碍物。邀请家长提供可用作障碍物的物品。鼓励儿童在户外自创越障训练内容，并进行相应的运动训练。

6 积木踏板操

> **概述** 儿童在用积木做踏板操时，以不同的方式运动腿和脚，可独自运动，也可与其他儿童一起运动。

时段 大组活动时间

材料

♦ 中空或木质积木，尺寸为 12 英寸 ×24 英寸 ×4 英寸（每人一块积木）。

课程内容 KDI 42. 律动。参见 KDI 13. 合作游戏；KDI 16. 大肌肉运动技能。

COR 升级版 条目 Z. 律动。参见条目 F. 与其他儿童建立关系；条目 I. 大肌肉运动技能。

开始 向儿童介绍活动内容，说诸如此类的话："今天我们要用不同的方式运动身体——上、下积木，越过、绕过积木。"展示一种运动方式，例如，开始时站在积木后面，踏上积木，然后踏回原地。示范另一种方式，例如，踏上积木，然后从侧边下。说诸如此类的话："让我看看你们有什么办法围着积木上、下、左、右移动。"

过程 当儿童在积木上尝试各种运动身体的方式时，教师在房间里巡视。使用表示位置和方向的词汇来为他们的行为贴标签（如上、下、向侧面、在后面、在前面、在上面、在附近）。鼓励儿童轮流互相模仿，并（或者）把积木拼在一起（如竖着叠起来或横着放一排），让大家可以一起运动。

右页表格中提供了一个案例，它说明了在不同发展水平上幼儿可能会说的话和可能会做的事，并提供了鹰架方案，用于支持并适当扩展儿童的学习。前文也提供了一些鹰架表格，里面包含了很多额外的

想法。关于鹰架，你还可以读一读第 3 章中的相关内容。

不同发展阶段的鹰架支持策略		
早　期	中　期	后　期
幼儿可能会 用一种或两种方式运动（如踏上去再踏回来，踏上去后继续前行）。	**幼儿可能会** 用几种不同的方式运动（如跳上积木、单脚平衡、从不同的侧面上下）。	**幼儿可能会** 用很多不同的方式运动（如踏上去转圈；在积木上方弯腰，把手放在地板上，然后抬腿跨过积木；跨坐在积木上）。
成人可以 为儿童的运动贴标签并模仿其运动方式。	**成人可以** 描述并鼓励儿童描述他们的运动。	**成人可以** 通过为儿童的行为贴标签来确认儿童的想法。
扩展学习：展示其他运动方式并命名，如向侧面移动或绕着积木移动。邀请儿童尝试自己的想法（如果他们不愿意，接受儿童的选择）。	**扩展学习**：向儿童提出运动挑战："在不抬脚的前提下，你怎样才能移动到积木的另一边？"	**扩展学习**：鼓励儿童和其他孩子合作："假设你和杰米（Jamie）共同使用一块积木，你们可怎样一起（或轮流）运动？"

结束　让儿童再想一种方式来围着积木上、下、左、右移动。和儿童一起收拾好积木，提醒他们可在工作（选择）时间继续创造新的运动方式。当儿童准备进行一日常规的下一项活动时，让他们想象教室中间有块大积木，他们必须从这块积木中通过（上去、下去、绕过或穿过）。

后续活动　用其他道具来进行同样的活动，如呼啦圈、内胎、牛奶箱、平衡木或大纸板箱。加入音乐，让儿童练习跟随节拍踏步。

7   按摩滚轮

概述 儿童思考身上哪些部位可用到按摩滚轮，以及如何移动自己的身体以到达够不到的地方。

时段 大组活动时间

材料

♦ 不同类型的手持按摩滚轮。

课程内容 KDI 42. 律动。参见 KDI 4. 问题解决；KDI 18. 身体意识。

COR 升级版 条目 Z. 律动。参见条目 B. 使用材料解决问题。

开始 向儿童介绍滚轮，指出每个滚轮都有个部位供他们抓握，还有个部位可以滚动。示范如何使用滚轮，例如，在手臂上滚动。问问儿童还可在身体的哪些部位使用滚轮，并尝试一两种儿童的想法。给每名儿童一个滚轮，说："我想知道，你会在身体上的什么部位用滚轮。"

过程 鼓励儿童思考身体上可用到按摩滚轮的不同部位。向他们提供挑战，让他们伸出滚轮去够不寻常的地方，例如，你可以说："你怎样才能在足底使用滚轮而不摔倒？"或者："怎样才能按摩到你的背（或脖子后部）？"建议他们不要在身体上移动滚轮，而是把滚轮放在固定的位置（在桌上或地板上，从架子上伸出来），让身体在滚轮上移动。

右页表格中提供了一个案例，它说明了在不同发展水平上幼儿可能会说的话和可能会做的事，并提供了鹰架方案，用于支持并适当扩展儿童的学习。前文也提供了一些鹰架表格，里面包含了很多额外的想法。关于鹰架，你还可以读一读第 3 章中的相关内容。

不同发展阶段的鹰架支持策略		
早 期	中 期	后 期
幼儿可能会 用成人示范的方式在同样的部位使用滚轮。	**幼儿可能会** 用不同的方式在其他身体部位使用滚轮，然后在其他容易够着的身体部位上尝试。	**幼儿可能会** 探索在身体上使用滚轮的不同方式。
成人可以 模仿儿童的行为并进行描述。	**成人可以** 描述并鼓励儿童描述所有涉及的身体部位及使用滚轮的方式。	**成人可以** 向儿童提出更多挑战，涉及儿童身体的其他部位或是滚轮的其他位置。
扩展学习：在同样的身体部位用不同的方式移动滚轮，看看儿童是否模仿。	**扩展学习**：询问儿童怎样才能在够不到的身体部位上使用滚轮，以及（或者）怎样在滚轮固定的情况下移动身体。	**扩展学习**：询问儿童，（得到许可后）可怎样在其他孩子身上使用滚轮，可轮流为他人按摩，也可试试同时相互按摩。

结束 请儿童再想两种使用滚轮的方法。收好滚轮，告诉他们可在工作（选择）时间和户外活动时间继续使用滚轮。当儿童准备进行一日常规的下一项活动时，让他们想象自己的胳膊是一个按摩滚轮，在身体的某个部位上滚动。

后续活动 在大组活动时间，和着音乐使用按摩滚轮。鼓励儿童根据播放的音乐片段用不同的方式移动滚轮。在小组活动时间，给每名儿童一个滚轮、一个玩具娃娃或毛绒动物，用不同的方式按摩。

8 身体部位和音乐

> **概述** 听音乐时，儿童探索用某一身体部位进行律动的各种方式，然后换一个部位，随后同时律动两个部位。

时段 大组活动时间

材料

♦ 音乐播放器和各类不同的器乐。

课程内容 KDI 42. 律动。参见 KDI 16. 大肌肉运动技能；KDI 18. 身体意识；KDI 35. 空间意识。

COR 升级版 条目 Z. 律动。参见条目 I. 大肌肉运动技能；条目 T. 几何：形状与空间意识。

开始 播放一段器乐（例如一段舒缓的音乐），说："我跟着音乐舞动我的手臂。"慢慢挥动手臂画圈，或是在胸前来回摆动。鼓励儿童跟随音乐转动手臂。换一首乐曲（比如换成一首进行曲），用不同方式转动手臂，例如上下挥动手臂做劈柴动作。说诸如此类的话："让我看看你们是怎样跟随音乐转动手臂的。"

过程 在儿童以不同方式做手臂律动时，每首音乐播放 3 分钟左右。然后，播放一首新的乐曲（或重复前面放过的乐曲），让儿童想出其他不同身体部位的律动。再后来，让儿童跟随音乐同时用两个身体部位进行律动。鼓励他们用表示位置和方向的词汇来描述每个动作。

右页表格中提供了一个案例，它说明了在不同发展水平上幼儿可能会说的话和可能会做的事，并提供了鹰架方案，用于支持并适当扩展儿童的学习。前文也提供了一些鹰架表格，里面包含了很多额外的想法。关于

鹰架，你还可以读一读第 3 章中的相关内容。

不同发展阶段的鹰架支持策略		
早 期	**中 期**	**后 期**
幼儿可能会	**幼儿可能会**	**幼儿可能会**
听每首乐曲时，用同一个身体部位重复同样的动作。	用两三种方式律动每个身体部位。	用多种方式律动每个身体部位，并描述自己在做什么。
成人可以	**成人可以**	**成人可以**
模仿儿童的行为并进行描述。	鼓励儿童为自己的动作贴标签（命名），鼓励他们重复自己所使用的表示动作、位置和方向的词语；鼓励儿童观察其他孩子在做什么，并和同伴分享自己的想法。	建议儿童自创同时使用两个身体部位进行律动的方法（如同时使用身体同侧的手臂和腿），鼓励儿童为自己要动的两个身体部位命名，并描述动作。
扩展学习：说诸如此类的话："你还可以怎样律动你的手臂？"当音乐变化时，指出音乐听起来有所不同："我想知道，现在你会怎样律动你的手臂。"	**扩展学习**：成人闭上眼睛，让儿童描述他正在做的动作，这样成人也可以做出同样的动作。成人还可以介绍新的词汇（如圆的、水平的）。	**扩展学习**：询问儿童什么样的音乐会让他们以某种方式律动自己的身体。

结束 在播放最后一首乐曲之前提醒儿童活动即将结束。在过渡到下一项活动时，向儿童提出挑战，让他们同时律动三个身体部位。

后续活动 当你在户外活动时间和儿童一起游戏时，问问他们怎样才能在同样的设备上以不同的方式律动某个或某些身体部位，以及（或者）怎样从一个地方移动到另一个地方。在大组活动时间，继续播放各种类型的音乐，特别是来自不同文化的音乐，给儿童一些挑战，让他们探索如何随着音乐的特点律动身体。

9 让气球飘在空中

概述	儿童用自己的身体让气球飘在空中。

时 段 大组活动时间

材 料

◆ 充满气的气球（不要用氦气），每人一个，再准备几个备用气球。

◆ 纸盘或游泳用的圆形浮条，用作击打气球的辅助材料。

课 程 内 容 KDI 42. 律动。参见 KDI 35. 空间意识。

COR 升级版 条目 Z. 律动。参见条目 T. 几何：形状与空间意识。

开 始 向儿童展示气球，介绍说今天的挑战是让自己的气球飘在空中。成人示范时，用手从下方击打气球，让气球飘在空中。给每名儿童一个气球，帮助他们四下散开（减少相互碰撞），说诸如此类的话："我想知道，你怎样让气球飘在空中。"

过 程 问儿童：除了手，还可用哪些身体部位让气球飘在空中（如头、肩或脚）？描述并鼓励儿童描述他们正在做什么。尝试他们的想法，鼓励他们观察并尝试他人的想法。在活动进行中，拿出辅助材料供儿童探索。

右页表格中提供了一个案例，它说明了在不同发展水平上幼儿可能会说的话和可能会做的事，并提供了鹰架方案，用于支持并适当扩展儿童的学习。前文也提供了一些鹰架表格，里面包含了很多额外的

想法。关于鹰架，你还可以读一读第 3 章中的相关内容。

不同发展阶段的鹰架支持策略		
早　期	**中　期**	**后　期**
幼儿可能会 用双手让气球飘在空中。	**幼儿可能会** 用身体的不同部位让气球飘在空中。	**幼儿可能会** 尝试用不同的物品让气球飘在空中。
成人可以 为儿童的行为贴标签（命名）并模仿，说出身体部位的名称，使用表示位置和方向的词语："你将双手放在气球下，把气球击向空中。" **扩展学习**：建议儿童试着每次只用一只手，或是站在气球下面，用头让气球飘在空中。	**成人可以** 让儿童描述自己正在做什么，这样成人可尝试做同样的动作。 **扩展学习**：介绍新的词汇和短语，如浮着的、空中的、在空中飞过、下沉、在头顶上、推高、抛掷。	**成人可以** 使用和儿童相同的辅助材料，问他们还可以尝试其他什么东西。 **扩展学习**：建议儿童和搭档一起努力，轮流让气球飘在空中，并向这一对搭档提出挑战，让他们保持两个气球同时飘在空中。

　　结束　在活动结束前两分钟提醒儿童。和儿童一起把气球收起来（如放在网里或大纸板箱里）。在过渡到下一项常规活动时，让儿童像气球一样移动。

　　后续活动　让儿童探索用不同的物品以不同的方式移动气球，比如：移动气球穿过房间（而不是飘在空中不动），或是用（没有尖角的）厨具移动气球。在风不太大的日子，将气球带到户外给儿童玩耍。

10 用身体表达相反概念

概述 儿童通过身体运动探索"相反"的概念。

时段 大组活动时间

材料

无

课程内容 KDI 42. 律动。参见 KDI 46. 分类。

COR 升级版 条目 Z. 律动。参见条目 BB. 观察与分类。

开始 一旦儿童有了相反的概念，用熟悉的例子提示他们，如可以打开或关上门。说诸如此类的话："我们也可以用身体做相反的事情。"打开并合上你的手，然后问道："我们的身体还可以开关什么？"认可儿童的想法（眼睛、手臂、腿、嘴、耳朵、鼻子），鼓励儿童尝试。

过程 问问儿童还可以用身体做哪些其他相反的动作，例如上下移动、弯曲和伸直、触碰高处和低处。鼓励儿童描述并展示自己的想法，观察他人并模仿。重复他们的语言，介绍新的词语来描述他们的动作（如倒转）。

右页表格中提供了一个案例，它说明了在不同发展水平上幼儿可能会说的话和可能会做的事，并提供了鹰架方案，用于支持并适当扩展儿童的学习。前文也提供了一些鹰架表格，里面包含了很多额外的想法。关于鹰架，你还可以读一读

第 3 章中的相关内容。

不同发展阶段的鹰架支持策略		
早　期	中　期	后　期
幼儿可能会 用头和脸上的某些部位表现相反。	**幼儿可能会** 用整个身体表现相反，例如先面朝前，再面朝后。	**幼儿可能会** 探索用自己的身体表现各种相反，并描述自己在做什么。
成人可以 模仿儿童的动作，然后贴标签（命名）："你在用手开、关耳朵。"	**成人可以** 使用表示位置和方向的词语来描述儿童的动作，并鼓励儿童使用。	**成人可以** 使用儿童的词语（如高低、上下），并介绍新的词语（如：头向前、屁股向前；伸直手臂、弯曲手臂；伸直双腿、弯曲双腿）。
扩展学习：问儿童可以用自己脸上的什么部位做相反的动作："在不用手的情况下，你可以开、关脸上的什么部位？"	**扩展学习**：问儿童可以用自己的整个身体做哪些其他相反的事情，包括用多种方式制造相同的相反效果。例如，如果某个孩子示范了一组相反动作——先在地板上站起来，再躺下去，就问他："你还可以怎样让自己的身体忽高忽低？"（如踮起脚尖，然后蹲下来。）	**扩展学习**：建议儿童结对活动，用身体做相反的事情并描述，例如，一个孩子面朝房间的前方，而另一个孩子面朝后方。

结束　让儿童再创造一组相反，并和班上的其他人分享。告诉儿童，在过渡到下一项活动时，你希望他们结对工作，创造一组相反。

后续活动　当儿童积极地参与运动时（如在大组活动时间或户外活动时间），不时问问他们可以怎样做一组相反的动作，例如，骑车向前和向后、装满和倒空。当进行手指游戏时（如"张开、合拢"或"小小蜘蛛"），问儿童可以怎样"颠倒"一个动作，或自创一组新的相反动作。

第7章　戏剧表演游戏活动

归根结底，教育就是为实际生活做准备。基于这个原因，我们可以明白为什么教师要在教学计划中加入表演活动。表演传统为儿童提供了一个安全的港湾，让他们可以体验各种生活场景，尝试表达和沟通，加深对人性的理解。（Catterall，2002b，p.69）

儿童戏剧表演游戏（dramatic play）的发展

假装游戏（pretend play）在儿童18个月左右大时出现，这时儿童会模仿熟人、动物、物品及场景的动作和声音。学步儿的假装游戏是独自进行、自导自演的，而且十分简单，如假装用杯子喝水（Copple & Bredekamp，2009）。平行游戏（在他人旁边玩耍）出现在生命的第2年，儿童在3岁左右开始社交或互动（和他人一起游戏）。学前儿童参与成熟的社交表演游戏的能力日渐提高，在这种游戏中，大家能够就游戏主题达成一致，扮演复杂的角色，并在很长一段时间内与他人持续进行这种游戏（Bodrova & Leong，2007）。学前儿童的再现能力让他们的假装游戏更成熟精致，更有想象力（Kavanaugh，2006），

有梦幻般的场景、角色间的协调合作和复杂的故事情节。然而，如果没有明确的成人支持，帮助儿童扩展场景，许多四五岁的儿童会重复同样的顺序和动作，而几乎没有任何变化（Bodrova & Leong，2005）。

在学前阶段，制作和使用道具也变得越来越灵活、精细，通常会比戏剧演出本身占用更多的时间。另外，儿童会为每个角色承担的职责制订明确的规则（Leong & Bodrova，2012）。学前儿童会与搭档协调各自的动作，如果某个动作与角色或商定好的故事情节不匹配（例如，顾客假装为女服务员端上馅饼），他们会相互指正。

到了学前阶段后期，儿童意识到他们在表演虚构的角色（Sobel，2006）。这个认知有助于他们用戏剧表演游戏来克服焦虑（Friedman，2010）。然而，他们的游戏常常涉及魔法和万物有灵论。一方面，他们为无生命的物体赋予栩栩如生的品质，他们相信妖精是真实的（Rosengren & Hickling，2000），或是真空吸尘器里住着一个咆哮的怪物（Gelman & Opfer，2002）。另一方面，他们知道穿墙是不可能的，要么坚持表演必须遵循物理规则，要么反复强调"信则灵"（Subbotsky，2004）。

和其他创造性艺术一样，社交戏剧游戏（sociodramatic play）可培养多种技能，包括语言和读写、计算及情感的自我调节。它也和今后的学校成绩密切相关（Prairei，2013；Rubin, Bukowski, & Parker，2006）。对角色的探索有助于儿童理解、表达情感，同时在戏剧场景中维系叙事线索，发展儿童的顺序推理和抽象推理能力（Wanerman，2010）。与其他类型的游戏相比，儿童的互动更加持久，参与程度更高，参与的儿童人数更多，并且儿童展现出了更多的合作，这些也许是证明社会性假装游戏的吸引力和益处最强有力的证据（Creasey, Jarvis, & Berk，1998）。

支持戏剧表演游戏的材料和设备

下列材料和设备有助于学前儿童的社交戏剧游戏的开展。

• 各种形状、尺寸和材质（木头、硬纸板、橡胶）的积木；

- 小的载具（汽车、建筑物、农场、飞机、船、火车、公共汽车）；

- 户外游戏用的大载具（四轮推车、公共汽车和三轮脚踏车相连的拖车）；

- 床单、毯子、防水布、帐篷；

- 道具服（男式和女式），包括制服和装备；

- 工具和工具箱，安全装备（头盔、护目镜）；

- 各民族的玩具娃娃和木偶；

- 婴儿用品（奶瓶、拨浪鼓、毯子、婴儿车、童车）；

- 玩具屋、玩具屋小人和家具；

- 小人（布艺、木质、橡胶或塑料人像）；

- 动物（布艺、木质、橡胶、塑料）；

- 木质村庄、城市和农场设备；

- 方向盘；

- 儿童尺寸的电器和家具；

- 成人尺寸的炊具和餐具；

- 空的食物容器，假装用作食物的小物品（卵石、树叶、贝壳）；

- 清洁用具（扫帚和簸箕、海绵）；

- 电话（按钮；拿掉电池的小电话）；

- 故事中的角色（买来的或自制的）。

如需了解更多想法，参见《高瞻学前课程模式》(Epstein & Hohmann，2012，Chapter 6，pp.171-221)。

支持戏剧表演游戏的教学策略

为了鼓励儿童在社交戏剧游戏方面正在发展的能力，可在幼儿园日常生活中尝试下面这些教学策略。

支持儿童模仿他们的所见所闻

当儿童模仿生活中熟悉的人、事、物时（婴儿哭闹、消防车呼啸而过、看医生），对他们的动作进行评论和模仿。在回顾时间，鼓励儿童再现他们在工作时间做了什么或用了什么（如假装翻书）。让他们表演远足时发生的事件，如乘坐公共汽车、喂养宠物或在野餐桌上进餐。

关注发生在教室各处的富于想象力的角色游戏（role play）并提供支持

在教室的各个地方为角色游戏（role play）提供充足的空间和材料。宽敞开阔的区域可激发假装游戏，因为这些区域能变成儿童梦想的任何地方——城堡、岛屿或野营地。鼓励儿童自制道具，为他们提供自制道具所需的材料和工具，如木头和碎布、卷纸及各种纽扣。远足和访客也可扩展儿童表演游戏的范围。实际上，各种新的材料和经历可激发儿童使用自身的想象力，并将想法融入假装游戏中。

作为合作伙伴参与儿童的假装游戏

在与儿童合作游戏时，成人必须敏感地保证自己没有越俎代庖。教师应先在一旁观察，直到合作自然而然地开始（如儿童需要有人充当婴儿），并且（或者）儿童明确地邀请成人进入游戏场景（"你来当怪物"）。无论哪种方式，游戏的主导权都应保留在儿童手中。如果成人偶尔提出了某个建议（"假设怪物饿了"），他们应尊重儿童选择是否采纳。

关于在学前阶段支持戏剧表演游戏的教学策略，参见爱泼斯坦（Epstein，2012，Chapter 6）。

在戏剧表演游戏中融入多样的文化

幼儿会接触很多媒体图片，这些图片表现了人们在亦真亦假的环境中做出的真实的或幻想的行为。很多时候，这些图片反映了主流文化，却不一定看起来或听起来像他们自己的经历。如果儿童知道自己生活中的人和事也可以通过戏剧再现来描述，他们会从中受益。询问儿童的家人，家中是否流行特定的能代表其文化的角色或仪式。学前儿童还会用戏剧表演游戏再现自己的日常经历，也会探索

自己的幻想世界和"假设"世界。为了发挥儿童的创造力，应为他们提供道具、木偶和故事创意，用于丰富、扩展他们的假装游戏。

下面这些建议有助于扩展幼儿遇到的和创造的戏剧表演游戏世界。

艺术家（剧作家、导演、表演者、艺术指导）。你们可谈论这些艺术家，并展示他们的作品范例：兰斯通·休斯（Langston Hughes，非裔美籍剧作家）；佐拉·尼尔·郝斯顿（Zora Neale Hurston，非裔美籍剧作家）；奥古斯特·威尔逊（August Wilson，非裔美籍剧作家）；安娜·迪佛·史密斯（Anna Deavere Smith，非裔美籍剧作家，女演员）；格林·华盛顿（Glynn Washington，非裔美籍短篇小说作家）；斯派克·李（Spike Lee，非裔美籍电影导演）；安马·阿森特（Amma Asante，非裔美籍电影导演）；丹泽尔·华盛顿（非裔美籍男演员）；哈莉·贝瑞（Halle Berry，非裔美籍女演员）；温·托马斯（Wynn Thomas，非裔美籍艺术指导）；约翰·李古查摩（John Leguizamo，拉美裔男演员、剧作家）；爱德华·詹姆斯·奥莫斯（Edward James Olmos，拉美裔男演员）；本尼西奥·德尔·托罗（Benicio Del Toro，拉美裔男演员）；盖尔·加西亚·贝纳尔（Gael Garcia Bernal，拉美裔男演员）；丽塔·莫瑞诺（Rita Moreno，拉美裔女演员）；

佩内洛普·克鲁兹（Penelope Cruz，拉美裔女演员）；吉列尔莫·德尔·托罗（Guillermo del Toro，拉美裔电影导演）；兰迪·巴尔切洛（Randy Barcello，拉美裔布景和服装设计师）；优素福·埃尔·琼迪（Yussef El Guindi，阿拉伯裔美籍剧作家）；凯茜·纳基麦（Kathy Najimy，阿拉伯裔美籍女演员）；托尼·夏尔赫布（Tony Shalhoub，阿拉伯裔美籍男演员）；李安（亚裔美籍电影导演）；赵牡丹（Margaret Cho，亚裔美籍女演员）；刘玉玲（Lucy Liu，亚裔美籍女演员）；武井穗乡（George Takei，亚裔美籍男演员）；林恩·里格斯（Lynn Riggs，美国原住民剧作家）；威尔·罗杰斯（Will Rogers，美国原住民男演员和电影制片人）；杰伊·锡尔弗希尔斯（Jay Silverheels，美国原住民男演员）。

流派。可向儿童介绍下列流派，它们共同反映了文化的多样性及其影响：能剧和歌舞伎（日本）；哑剧；说书（巴西、中国、韩国、俄罗斯、美国土著文化）；阿坎人口述传统（加纳人讲的故事和音乐）；圣事事件（Autos Sacramentales，西班牙宗教戏剧）；梵语戏剧（印度）；文乐木偶戏（日本傀儡戏）；约鲁巴语戏剧（尼日利亚）；卡塔卡利舞（印度舞剧）；塔泽（Ta' Zieh，穆斯林激情戏剧）；捣蛋鬼（美国原住民故事和戏剧中性格多变的角色）。

材料。可向儿童介绍下列用于反思和教导儿童文化多样性的材料：来自不同文化的家居用品（如服饰、炊具、空食物容器）；关于他国居民、风景、工作角色和活动的故事书、科普读物；不同面孔和服装的手偶和牵线木偶；代表其他地方和时代特色的戏剧作品节目单和表演海报。

调整戏剧表演游戏材料和活动以适应有特殊需求的儿童

为了给所有儿童提供参与表演游戏活动的机会，可参考以下建议。

- 提供丰富多样的假装游戏道具，以从不同的视觉、听觉、嗅觉和触觉（如带铃铛的道具服；娃娃屋中的香料瓶）角度为儿童提供选择。
- 使用手柄、胶带和皮带，让儿童可自行操作假装游戏的道具和工具。
- 鼓励儿童根据自身的能力表现物品和动作（如表现消防员的帽子，像消防车一样移动，发出警报声）。

调整戏剧表演游戏材料和活动以适应双语学习者（DLLs）

请尝试下列策略，支持英语是第二语言的儿童。

- 鼓励儿童用母语命名、描述他们在假装游戏场景中使用的道具和动作，并提供相应的英语用法。
- 用儿童在教室所说的语言和英语，在假装游戏设备和材料上贴标签。
- 鼓励双语学习者和母语为英语的儿童在戏剧表演游戏中合作，分享各自的发现和想法，互相帮助解决问题。

- 在假装游戏场景中，和双语学习者使用"动作对话"（用手势而不是语言进行交流）。有时可向儿童介绍这些动作对应的英语单词。
- 在假装游戏活动中，让双语学习者和母语为英语的儿童结为搭档。教师充当翻译，帮助儿童理解并执行他人的想法。向双语学习者确认，确保正确理解并表达了他们的想法。向母语为英语的儿童确认，确保他们理解了双语儿童的意图。

1 表演童谣

> **概述** 儿童使用表情、手势、身体动作和道具来表演熟悉的童谣。

时段 大组活动时间

材料

◆ 起初不用任何材料，但可准备一些备用材料，根据童谣的内容适时添加。例如，在《玛丽有只小羊羔》(*Mary Had a Little Lamb*) 中，适时为玛丽补充一根牧羊杖，为"小羊羔"增加一个挂在脖子上的铃铛。

◆ 可视情况提供一本有《玛丽有只小羊羔》插图的童谣书。

课程内容 KDI 43. 假装游戏。参见 KDI 24. 语音意识。

COR 升级版 条目 AA. 假装游戏。参见条目 N. 语音意识。

开始 吟唱《玛丽有只小羊羔》。和儿童一起重复吟唱。然后，说诸如此类的话："今天我们要表演童谣里的故事。"寻找志愿参演的儿童。为减少等待的时间，让一个孩子假扮玛丽，另外几个孩子假扮小羊羔跟着她。当志愿者表演时，其他孩子可吟唱童谣。

过程 让儿童轮流表演并转换角色。鼓励他们用表情、手势、全身动作和道具表现角色的所做、所思和所感。例如，你可以问："最小的羊羔做了什么？最大的呢？"或者你可以说："我想知道当小羊羔们跟着玛丽时，她还可以做什么？"活动中，提供道具，并请儿童提出其他意见。

右页表格中提供了一个案例，它说明了在不同发展水平上幼儿可能会说的话和可能会做的事，并提供了鹰架方案，用于支持并适当扩展儿童的学习。前文也提供了一些

鹰架表格，里面包含了很多额外的想法。关于鹰架，你还可以读一读第 3 章中的相关内容。

不同发展阶段的鹰架支持策略		
早　期	中　期	后　期
幼儿可能会 随着童谣移动（如走路时看看自己的后面；跟着扮演玛丽的孩子的步伐，迈出或长或短的步子）。	**幼儿可能会** 用面部表情和手势来表现自己的角色。	**幼儿可能会** 将道具用于童谣表演中。
成人可以 评论儿童的动作："你在往后看，确保小羊羔跟着你。" **扩展学习**：问孩子们童谣中的角色还可以做什么，例如："玛丽还可以带着小羊羔怎么走？"	**成人可以** 为儿童的行为贴标签并描述："你在摇头，因为有两只小羊羔没有跟着你。" **扩展学习**：鼓励儿童向大家描述自己的动作和表情，建议他们详细阐述他人的想法："雷内（Rene）在跳跃。她还可怎样移动才能让小羊羔跟上并做相同的事情？"	**成人可以** 评论儿童怎样使用道具："史蒂维（Stevie）用扫帚当牧羊杖。这是小羊羔的铃铛，我想知道你会怎样给小羊羔系上。" **扩展学习**：鼓励儿童选择或制作其他道具（可视情况和儿童一起看插图，以激发更多想法），例如："当玛丽领着小羊羔四处走动时，她穿着什么？我想知道我们可以从装扮区拿些其他什么东西来用。"

结束　当表演快结束时，告诉儿童还有最后一次展示机会。让他们成对进行下一项常规活动，一个扮演玛丽，另一个像小羊羔一样跟着。

后续活动　重复这个活动，使用另一首儿童熟悉的童谣或诗歌，如《快乐的小莫菲》(Little Miss Muffet)。让儿童推荐他们最喜爱的童谣。（还可参见活动 7《哑剧儿歌》）

2 有趣的食谱

> **概述** 儿童"写下"自创的食谱，并画图来展示菜单。

时段 小组活动时间

材料

♦ 厨房用具（锅和盘子、勺子、抹刀、筛子、量杯和量勺、盘子和碗、银器等）；

♦ 烹饪书和食谱卡片样本；

♦ 空白卡片；

♦ 写字和绘画材料（蜡笔、彩色铅笔、马克笔）；

课程内容 KDI 43. 假装游戏。参见 KDI 29. 书写；KDI 36. 测量。

COR 升级版 条目 AA. 假装游戏。参见条目 R. 书写；条目 U. 测量。

开始 和儿童谈论在家时如何帮助家人做饭，或假装在娃娃屋做饭。告诉他们，在做饭时，我们有时会照着菜谱做，菜谱告诉我们要把哪些原料混合在一起，以及怎样做。让他们看看烹饪书和食谱卡片样本。给每个孩子一些炊具、一张食谱卡片、一张空白卡片和一些书写材料。说诸如此类的话："今天我们要做饭，并写下我们自己的食谱。"

过程 和儿童聊聊他们要做什么食物，他们喜欢吃哪种食物，以及他们是否会在自己的食谱中加上那些原料。在儿童"做饭"时，描述他们的动作（剁碎、切成薄片、搅拌、烘焙、油炸）。鼓励儿童不管能力水平如何，都"写下"或"画出"他们的食谱。如果儿童有要求，可做口述笔录。

右页表格中提供了一个案例，它说明了在不同发展水平上幼儿可能会说的话和可能会做的事，并提供了鹰架方案，用于支持并适当扩展儿童的学习。前文也提供了一些鹰架表格，里面包含了很多额外的想法。关于鹰架，你还可以读一读第 3 章中的相关内容。

不同发展阶段的鹰架支持策略		
早 期	**中 期**	**后 期**
幼儿可能会 假装做饭，使用各种炊具。	**幼儿可能会** 为自己的食谱起一个熟悉的名字，如"意大利空心面和奶酪"，可能会试着在卡片上写下字母和（或）单词。	**幼儿可能会** 为自己的食谱创造一个独特的名字，如"怪物比萨""乐高馅饼"，并写下或口述原料列表，画一幅有代表性的图画。
成人可以 模仿儿童的动作并命名，使用熟悉的词语（如油炸），偶尔介绍一些新的单词（如嫩煎）；假装吃儿童做的食物。 **扩展学习**：问问儿童，他们在做什么、用什么原料、会怎么做食物。	**成人可以** 回答儿童关于如何写字母或拼单词的问题。 **扩展学习**：问问儿童，他们还能加其他哪些原料、需要什么炊具、做饭需要多长时间，诸如此类的问题。	**成人可以** 让儿童将自己的食谱"读出来"，并描述他们画的图。 **扩展学习**：问儿童每种食材需要"多少"，用测量工具帮助他们表示相对数量；让儿童指导怎样混合、烹制食材。

结 束 和儿童一起收拾炊具，把食谱卡片放在娃娃屋的盒子里。让儿童像细通心粉（或另一种喜欢的食物）一样移动，开始一日常规中的下一项活动。

后续活动 当儿童在娃娃屋中玩耍时，和他们谈论他们假装烹制和供应的食物。请家长们提供空的食物容器和烹制自家菜肴所需的独特炊具（如炒菜锅和压饼器）。在点心时间，问儿童："你们觉得自己吃的食物是怎样做出来的？"到餐馆实地考察，观察厨师是怎样工作的。（提前和餐馆工作人员核查厨房的安全性及卫生部门的规章制度。）

3 发射

概述 以自己持续的兴趣为基础（如火箭），儿童自编、自演一个故事。

时段 大组活动时间

材料

♦ 小方毯（每人一块）；

♦ 和游戏主题相关的道具，作为备份（如头盔、紧身裤、填充背心）。

课程内容 KDI 43. 假装游戏。参见 KDI 16. 大肌肉运动技能；KDI 21. 理解。

COR 升级版 条目 AA. 假装游戏。参条目 I. 大肌肉运动技能；条目 M. 倾听与理解。

开始 选择一个主题，让儿童将其融入自己的游戏中，但儿童需要教师帮助延伸、扩展这个主题（如制作火箭，并发射到太空）。用一个故事开头。

教师：今天，我们要去外太空执行任务。我们要把火箭船降落在哪里？

儿童：火星！

教师：好的。我们的任务是前往火星。请进入火箭船，扣好安全带。（踏上一块小方毯，假装扣上安全带。让儿童做相同的动作。）

教师：我想知道，需要做什么来启动这艘火箭船。

儿童：转动钥匙（按下按钮；倒计时；发射）。

过程 问儿童打算怎样将这些想法表演出来，然后接受他们的建议。假装飞过太空，遇到其他天体。也许，你可以说："噢，不，小行星正直奔我们。我们该怎样躲开？"假装在火星着陆、行走，然后问儿童，他们需要什么东西才能保证在那里的安全（如头盔、太空服），他们可能会找到什么东西（如岩石、外星人）。

右页表格中提供了一个案例，它说明了在不同发展水平上幼儿可能会说的话和可能会做的事，并提供了鹰架方案，用于

支持并适当扩展儿童的学习。前文也提供了一些鹰架表格，里面包含了很多额外的想法。关于鹰架，你还可以读一读第 3 章中的相关内容。

不同发展阶段的鹰架支持策略		
早　期	中　期	后　期
幼儿可能会	**幼儿可能会**	**幼儿可能会**
将他人的想法表演出来，但不贡献自己的想法。	根据熟悉的主题贡献一两个想法／动作，如：跳起来，表示"发射"；或是倒下去，代表"迫降"。	贡献许多想法，将最初简单的故事扩展为复杂的故事。例如，燃料用完了，在火星外的另一个星球着陆。
成人可以	**成人可以**	**成人可以**
描述儿童的动作并命名。例如，可以说诸如此类的话："你把安全带拉得真紧。" **扩展学习**：问儿童他们还可以做什么或他们还会看到什么："假设火星上真的很冷，那你们会怎么走路？"或者："你认为火星上有其他生物吗？他们会发出什么样的声音？他们会怎样移动？"	请儿童注意其他孩子的想法，并鼓励每个孩子实施这些想法："达里尔（Daryl）说，要在太空中飘浮。" **扩展学习**：介绍新的词语，如加速或撞击，并用儿童已知的术语来解释新词，例如："加速的意思是越来越快。"	持续追问接下来将发生什么，并跟随儿童的想法。 **扩展学习**：鼓励儿童为他们的建议提供更多细节："外星人是怎样移动的？他们穿什么（或吃什么，诸如此类的问题）？外星儿童会玩什么游戏？"

结　束　告诉儿童是时候回火箭船了，系好安全带，回家。着陆后，收好小方毯。当儿童开始过渡到一日常规的下一项活动时，让他们用不同的方式穿越太空。

后续活动　用儿童游戏主题中出现的其他交通方式，比如汽车、公共汽车、火车或船，编造类似的故事开头。儿童也可以用木偶、玩具娃娃或小动作玩偶来表现他们的想法。

4　　　绘本表演

> **概述**　儿童将自己最喜欢的书中的故事表演出来，如莫里斯·桑达克（Maurice Sendak）的《野兽出没的地方》（*Where the Wild Things Are*）。

时段　大组活动时间

材料

♦ 起初不用任何材料，但可准备一些道具作为备用材料，如马克斯（Max）的魔杖和皇冠、他母亲留下来的晚餐（用一个碗和一把勺子表示）。

课程内容　KDI 43. 假装游戏。参见 KDI 21. 理解。

COR 升级版　条目 AA. 假装游戏。参见条目 M. 倾听与理解。

开始　（注意：在开展本项活动的前一周读几遍莫里斯·桑达克的《野兽出没的地方》，确保孩子们熟悉这个故事。）告诉儿童，今天他们要表演《野兽出没的地方》。帮助他们回忆故事是怎样开始的，可说诸如此类的话："马克斯在穿上狼衣的那个晚上做了什么？"向儿童征求意见，问问他们该怎样表现马克斯"搞各种恶作剧"，并演出他们的想法。对儿童提供的所有建议表示欢迎。随后，说诸如此类的话："让我们来表演出你的想法。这些是可用的道具。"

过程　继续帮助儿童回忆书中事件发生的顺序，邀请他们提出关于表演方式的看法。问诸如此类的问题："接下来发生了什么？"或是："当他们让马克斯成为所有野兽的国王时，他感觉怎样？我们可以怎样表现？"如果儿童感兴趣，鼓励他们使用道具。

右页表格中提供了一个案例，它说明了在不同发展水平上幼儿可能会说的话和可能会做的事，并提供了鹰架方案，用于支持并适当扩展儿童的学习。前文也提供了一些鹰架表格，里面包含了很多额外的想法。关于鹰架，你还可以读一读第 3 章中的相关内容。

不同发展阶段的鹰架支持策略		
早　期	中　期	后　期
幼儿可能会	**幼儿可能会**	**幼儿可能会**
跟随他人的引导，例如他们可能会像野兽一样跺脚，或是在空中挥舞一根想象出来的魔杖。	回忆几件事情，并建议怎样将这些事件改编成戏剧，比如：马克斯的母亲生气了，或是当马克斯回家时，发现他的晚餐在等着他享用。	按顺序回忆出书中的大部分事件；用不同角色的声音说话，如马克斯的妈妈或某个野兽；使用道具表演实际的或额外增加的场景，比如用珠子代表马克斯在森林中收集的野生浆果；和一两个孩子互动，表演他们的想法。 
成人可以	**成人可以**	**成人可以**
描述儿童的动作并模仿。	对这些场景进行评论，并表示自己想知道如果事情发生了，马克斯会是什么样的感觉："你可以怎样表现马克斯很伤心？"	协助儿童进行游戏，承担儿童分配的角色。
扩展学习：用提示性语言帮助儿童回忆并表现发生了什么："你可以怎样表现马克斯找到野兽生存地点的过程？"	**扩展学习**：询问儿童应该如何演出自己的想法："我应该做些什么来表现妈妈对马克斯很生气？"	**扩展学习**：鼓励儿童想象书中没有的场景："假设马克斯去了另一个遥远的地方，你们认为他可能会去哪里？"鼓励儿童一起创设场景。

　　结束　　结束时，让马克斯回家，发现热晚餐在等待他享用。和儿童一起收拾道具。当儿童开始过渡到下一项活动时，让他们假装自己在一艘帆船上。

　　后续活动　　表演其他熟悉的书，比如佩吉·拉特曼（Peggy Rathmann）的《晚安，大猩猩》（Goodnight Gorilla）。让儿童想象故事结束后发生了什么。例如，你可以说："马克斯吃了晚餐后，他会做什么？"或是："第二天早上，动物园管理员醒来后会发生什么？"

5 动物唱歌

概述　儿童假装成不同的动物，唱一首熟悉的歌曲。

时段　大组活动时间

材料

◆ 装有两三种动物（如熊、狮子、狗、鸟、猫、恐龙）图片或图像的包。

课程内容　KDI 43. 假装游戏。参见 KDI 9. 情感；KDI 41. 音乐。

COR 升级版　条目 AA. 假装游戏。参见条目 D. 情感；条目 Y. 音乐。

开始　和儿童一起唱一首他们知道并喜欢的简单歌曲，如《小星星》。从包里拿出一种动物，说诸如此类的话："我想知道狮子会怎么唱那首歌。"尝试儿童提出的一些建议，说类似的话："罗娜（Rona）说，狮子会唱得很大声。让我们来试试。"或是："弗兰科（Franco）说，它会把牙齿咬得格格响。让我们边唱边把牙齿咬得格格响。"

过程　在使用过包里的动物之后，让儿童提议其他动物，说说他们应该如何像那些动物一样唱歌。描述儿童声音的不同之处，并鼓励儿童描述。例如，你可能会说："你唱得又高又尖利、短促，像只老鼠。"或是："西奥（Theo）唱歌就像熊在咆哮。"

右页表格中提供了一个案例，它说明了在不同发展水平上幼儿可能会说的话和可能会做的事，并提供了鹰架方案，用于支持并适当扩展儿童的学习。前文也提供了一些鹰架表格，里面包含了很多额外的想法。关于鹰架，你还可以读一读第 3 章中的相关内容。

不同发展阶段的鹰架支持策略

早　期	中　期	后　期
幼儿可能会 发出动物的声音，却没有唱歌。	**幼儿可能会** 用有限的几种方式来改变自己的声音，只用两三种变化形式来表现几种不同的动物。	**幼儿可能会** 使用多种声音的变化形式来代表不同的动物，并建议模仿包里没有的动物的声音。
成人可以 描述儿童的声音并模仿，包括没有曲调这一点，例如："我们在像狗一样叫。" **扩展学习**：说"我要尝试用同样柔和（或大声、高分贝等）的声音来唱这首歌"，然后唱歌并鼓励儿童一起唱。如果儿童不愿意，接受他们的选择。	**成人可以** 建议儿童倾听、模仿他人："我想知道，你是否可以像约瑟（Jose）一样咆哮——他假装是头狮子。" **扩展学习**：表示自己想知道其他动物会怎样唱歌："当你们假装是狮子时，会唱得很大声；如果是条狗，唱歌时会和狮子有什么不同呢？"	**成人可以** 描述儿童使用声音的不同方式："当你假装是鸟儿时，你的音调很高；当你假装是河马时，你的声音很低。" **扩展学习**：鼓励儿童尝试挑战在不同的情景下模仿同一种动物唱歌，比如一头饥饿的狮子和一头疲惫的狮子，或是一只快乐的老鼠和一只失意的老鼠。对声音的不同进行评论。

结束　在介绍最后一种动物时，提示儿童活动即将结束。过渡到下一项活动，把手指放在嘴上，让儿童像那种动物一样"安静"地移动。

后续活动　用不同的歌曲重复进行这种活动，鼓励儿童推荐自己喜爱的歌曲。试着让儿童模仿体验到不同感受的动物或处于不同情景下的动物唱同一首歌曲。儿童也可能会选择在表现每种动物时边唱边律动。

6 我们也是劳动者

> **概述** 在实地考察工作地点，如农产品摊后，儿童假装扮演他们观察到的社会角色。

时段 小组活动时间，在实地考察之后

材料

♦ 开放性材料，可以代表水果、蔬菜和鲜花（如球、积木、珠子、衣夹、毛绒条）；

♦ 篮子或其他带手柄的容器；

♦ 实地考察时带回来的道具（如胶粘标签、浆果篮子）；

♦ 用以制作备用道具（如纸币、刷卡机）的材料和工具。

课程内容 KDI 43. 假装游戏。参见 KDI 53. 多样性；KDI 54. 社会角色。

COR 升级版 条目 AA. 假装游戏。参见条目 FF. 对自我和他人的认知。

开始 去附近的工作场所进行实地考察，如农产品摊，那是人们卸载并摆放水果、蔬菜和鲜花的地方。提前告诉工作人员什么可能会吸引儿童，并和他们探讨安全问题。拍照。在第二天的小组活动时间，和儿童一起回忆前一天的考察。聚焦于某个环节，如码放农产品。给每名儿童一篮材料，说诸如此类的话："我想知道你们会怎样摆放蔬菜、水果和鲜花。"

过程 鼓励儿童描述材料以及他们使用材料的方法。帮助他们将自己正在做的事与他们在实地考察时看到的联系起来。鼓励他们解决问题，如不要让球（"苹果"）滚下桌子。和儿童聊聊他们家会在什么时候、什么地方买农产品。鼓励他们使用桌上备用的材料和道具。

右页表格中提供了一个案例，它说明了在不同发展水平上幼儿可能会说的话和可能会做的事，并提供了鹰架方案，用于

支持并适当扩展儿童的学习。前文也提供了一些鹰架表格，里面包含了很多额外的想法。关于鹰架，你还可以读一读第 3 章中的相关内容。

不同发展阶段的鹰架支持策略		
早　期	中　期	后　期
幼儿可能会 玩材料，却并没有将材料与实地考察联系在一起。	**幼儿可能会** 表演一两个情景，如堆放"西红柿"，或将毛绒条放进"一束花"中。	**幼儿可能会** 假装使用很多道具，做各种动作，如堆放"橙子"、装满篮子、卖给顾客。
成人可以 为儿童的动作命名，并进行模仿："你把衣夹排成一行。"	**成人可以** 描述儿童的动作，以及他们怎样将自己的动作和市场上发生的事情联系在一起。	**成人可以** 分享实地考察的记忆："买橙子的人比买西瓜的人多。"
扩展学习：看看照片，随后用照片里描绘的方式来使用材料（如将珠子放进浆果篮）；让儿童加入进来，如果他们不愿意，尊重他们的选择。	**扩展学习**：请儿童回忆其他细节——"请帮我回忆那个女人在给西兰花喷水后做了什么。"	**扩展学习**：鼓励儿童制作补充道具，如价格标签（根据需要帮助他们），并问问儿童该怎样展现更多细节："我们应该怎样表现那个男人仔细堆放桃子，以让桃子免受损伤？"

　　结束　在活动结束前五分钟提示儿童，然后大家一起收拾。提醒儿童，如果他们想在工作（选择）时间使用材料，可在哪里找到这些材料。在让儿童过渡到一日常规中的下一项活动时，使用儿童在工作场所见到的某个动作，如搬运、举高、抛光。

　　后续活动　参观儿童感兴趣的另一个工作场所（如比萨店、面包店、宠物店、超市、图书馆、汽车修理厂、火车或卡车装卸码头）。第二天回忆前一天的情景，并提供相关道具，供儿童表演他们观察到的社会角色。

7 用哑剧来表演韵文

> **概述**　儿童填写对句（两行的诗）的最后一个词，然后用哑剧（只用肢体语言和面部表情）来表演韵文。

时 段　大组活动时间

材 料

无（儿童使用自己的身体）

课程内容　KDI 43. 假装游戏。参见 KDI 24. 语音意识。

COR 升级版　条目 AA. 假装游戏。参见条目 N. 语音意识。

开 始　和儿童一起玩韵文游戏。给他们第一句诗和第二句诗的开头，让他们补充最后一个单词或短语。例如，念出这样的句子："当我沿着马路向前走，看到巨人搬运＿＿＿。"或者："昨天我去集市，在那里看到＿＿＿。"完成每个对句后，鼓励儿童在哑剧中表演对句的意思，也就是说，只用身体运动和手势，不用语言或声音。

过 程　继续朗诵韵文，让儿童补充，并用哑剧表演。如果儿童提出建议，例如"做个和马戏相关的游戏"，将这些建议转变为没有最后一个词的对句："马戏团小丑说谎，我就走去＿＿＿。"鼓励儿童为自己的想法和他人的建议增添内容，先填写韵文，再用哑剧表演。提醒儿童，在表演哑剧时不要用声音或语言，但如果发出声音，也接受他们的选择。

右页表格中提供了一个案例，它说明了在不同发展水平上幼儿可能会说的话和可能会做的事，并提供了鹰架方案，用于支持并适当扩展儿童的学习。前文也提供了一些鹰架表格，里面包含了很多额外的想法。关于鹰架，你还可以读一读第 3 章中的相关内容。

不同发展阶段的鹰架支持策略		
早　期	中　期	后　期
幼儿可能会	**幼儿可能会**	**幼儿可能会**
补充的词语不押韵，并（或者）复制同伴的哑剧动作。	补充的词语押韵，有实际的意思（狗）或没有意义（否）；会创作简单的哑剧，但偶尔会使用声音。	提出一个想法，或是对句的第一句；使用多种手势和面部表情来创作复杂的哑剧。
成人可以	**成人可以**	**成人可以**
克制纠正儿童的冲动，重复他们的词语，并鼓励其他人借鉴他们的想法。	让儿童描述自己的想法，以便成人付诸实施。	模仿儿童的动作，并鼓励他们的同伴模仿。
扩展学习：重复对句，请儿童补充一个押韵的字词，给出范例，并鼓励儿童用哑剧表演新的韵文。	**扩展学习**：问儿童怎样才能在不发出声音的情况下表演某个孩子的想法，并让儿童建议另一个词语和（或）哑剧来完成对句。	**扩展学习**：介绍表示全身运动（翻筋斗）、手势（像连枷般甩动手臂）和面部表情（扮鬼脸）的新词语。

结束　让儿童知道什么时候会介绍最后一个对句。让他们根据对句中最后一个表示动作的词语过渡到下一项活动。

后续活动　根据在工作（选择）时间和户外活动时间观察到的儿童的兴趣创造对句。"我假装自己是只猫，然后我做了个＿＿"，或者"一条虫子在沙地里挖洞，然后它吃了个＿＿"。鼓励儿童根据自己发明的韵文创作哑剧。例如，你可以说："让我们看看格兰特会做什么。"或者："当我们吃曼德时，应该做一个表示美味还是恶心的表情？"

8 打扮玩具娃娃

> **概述** 儿童创编故事，讲述玩具娃娃要去哪里，并据此打扮他们。

时段 小组活动时间

材料

◆ 没有穿衣服的小玩具娃娃或人像（如灵活的橡胶娃娃或四肢有接缝的木质人体模型，可在网上的艺术品供应商店买到）；

◆ 碎布；

◆ 装饰配件（如缎带、蕾丝、网丝、小围巾、发圈、串珠手链）；

◆ 毛绒条、胶带、剪刀。

课程内容 KDI 43. 假装游戏。参见 KDI 17. 小肌肉运动技能。

COR 升级版 条目 AA. 假装游戏。参见条目 J. 小肌肉运动技能。

开始 告诉儿童，玩具娃娃正准备去某个地方，需要穿上衣服。和儿童聊聊他们认为玩具娃娃会去哪里，需要穿哪种衣服。给每名儿童一个玩具娃娃和一小篮材料。

过程 听儿童讲述他们为玩具娃娃编出来的活动，以及他们会怎样打扮娃娃，并对此进行评论。例如，你可以问："他要穿什么才能在冰球比赛中保暖？"阐明你是怎样打扮玩具娃娃的，以及为什么这样打扮，说类似这样的话："在海滩上她需要一顶帽子，不让太阳晒到眼睛。"鼓励儿童分享材料，用两个或更多玩具娃娃编故事。

右页表格中提供了一个案例，它说明了在不同发展水平上幼儿可能会说的话和可能会做的事，并提供了鹰架方案，用于支持并适当扩展儿童的学习。前文也提供了一些鹰架表格，里面包含了很多额外的想法。关于鹰架，你还可以读一读

第 3 章中的相关内容。

不同发展阶段的鹰架支持策略		
早　期	**中　期**	**后　期**
幼儿可能会	幼儿可能会	幼儿可能会
探索让玩具娃娃移动的方式，并给玩具娃娃穿上衣服，如用一块围巾把它包起来，却没有讲故事。	为他们的玩具娃娃起名字、穿衣服，创编一个关于娃娃要去哪里的简单故事："她要去荡秋千。"有时当儿童玩假装游戏时，他们在制作道具上花的时间可能比场景表演多。	用多种材料制作玩具娃娃的衣服，创作多个故事。例如："他要去商店买麦片和牛奶，然后开着消防车去商场，去救所有的小孩。"
成人可以	成人可以	成人可以
告诉儿童成人的玩具娃娃要去哪里，会穿什么衣服。 **扩展学习：**鼓励儿童在玩具娃娃的服装中添加更多物品，并说诸如此类的话："现在你的娃娃打扮好了。我想知道他会去哪里。"	让儿童描述他们用于制作玩具娃娃衣服的材料和工具。 **扩展学习：**鼓励儿童补充故事的细节："你的娃娃还会在操场上做什么？"	询问儿童可否在游戏中加入成人的玩具娃娃，以及怎样打扮成人的娃娃才能帮助儿童的娃娃。 **扩展学习：**鼓励儿童合作讲故事，给几个玩具娃娃穿好衣服，一起来表演他们的游戏。

　　结束　在活动结束前三分钟提示儿童，然后大家一起收拾。告诉儿童，如果他们想在工作（选择）时间使用材料，可在哪里找到这些材料。过渡到一日常规中的下一项活动时，让儿童像玩具娃娃一样弯着胳膊和腿移动。

　　后续活动　用玩具动物和其他塑像重复这种活动。为娃娃屋增添打扮用的衣服饰品，也请家长捐助。在工作（选择）时间，和儿童聊聊他们怎样打扮自己、玩具娃娃或其他塑像，以及这样的打扮怎样配合了他们的游戏场景。成为儿童游戏主题中的搭档，根据儿童的指令打扮和表演。

9 农 场 散 步

概述 儿童假装在农场散步，模仿他们所见事物的动作、所听事物的声音。

时段 大组活动时间

材料

无

课程内容 KDI 43. 假装游戏。参见 KDI 22. 表达。

COR 升级版 条目 AA. 假装游戏。参见条目 L. 表达。

开始 说诸如此类的话："今天我们要去农场散步。"原地踏步。随后止步，用手指向某个方向，说："我看到了牛。"发出"哞哞"声，跪下假装吃草。鼓励儿童模仿。然后站起来，又开始原地踏步，说诸如此类的话："我想知道，接下来在农场散步时，我们还会看到什么。"假装变成另一种东西，例如拖拉机或另一种动物，并请儿童建议模仿什么样的声音和动作。

过程 每次重新开始原地踏步时，请儿童轮流建议即将看到什么东西，并指导大家怎么表现这件东西。鼓励儿童使用自己的想象力，也就是说，不局限于会在那个地方实际见到的东西，还可添加自己编造的东西，比如会飞的怪物或奇怪的动物。

右页表格中提供了一个案例，它说明了在不同发展水平上幼儿可能会说的话和可能会做的事，并提供了鹰架方案，用于支持并适当扩展儿童的学习。前文也提供了一些鹰架表格，里面包含了很多额外的想法。关于鹰架，你还可以读一读第 3 章中的相关内容。

不同发展阶段的鹰架支持策略		
早　期	**中　期**	**后　期**
幼儿可能会	**幼儿可能会**	**幼儿可能会**
表现某种熟悉的声音或景象，如：鸭子嘎嘎叫，或农夫把种子种在地里。	建议表演农场里经常遇到的景象和声音，包括动物和机械设备。	添加一些并不属于农场的故事元素，例如，走在路上遇到来自外太空的交通工具。
成人可以	**成人可以**	**成人可以**
模仿儿童的声音和动作。	描述儿童正在演什么，并鼓励儿童进行描述："我们的手要伸多高才够得着浆果？从灌木丛中摘下浆果后我们该怎么做呢？"	和儿童一起幻想，并鼓励其他孩子参与："布里尔（Brill）说谷仓后面有一个大太空站。我在想，里面会发出什么声音？"
扩展学习：问问儿童他们还会看到什么东西；成人和其他孩子可怎样表演。	**扩展学习**：向儿童提出挑战，让他们思考在农场里发现什么东西会让他们大吃一惊。	**扩展学习**：探索更多故事元素和叙事细节，例如，问儿童："接下来会发生什么？我们要怎样将它表演出来？"

　　结　束　告诉儿童到回家的时间了，请他们建议在散步回家的路上看什么、听什么。在过渡到一日常规的下一项活动时，让儿童像在农场中散步时见到的某种动物或机器那样移动。

　　后续活动　将上述活动计划用于其他散步活动，如在大街上、树林中或公园里散步。确保你所生活的地方（城市、郊区、海滨、山区或乡村）的地点和场景会出现在活动中。让儿童想象自己在最喜欢的故事中提到的熟悉的地方散步，例如你和孩子们可能会在"野兽出没的地方"散步。

10　故 事 情 感

> **概述**　教师用两句话讲一个故事，描述某个孩子体验的某种情感，随后，儿童谈论并表现那种情感。

时段　大组活动时间

材料

无

课程内容　KDI 43. 假装游戏。参见 KDI 9. 情感。

COR 升级版　条目 AA. 假装游戏。参见条目 D. 情感。

开始　讲一个简单（两句话）的故事开头，涉及某种情感，例如："一天，凯莎（Keisha）想把动物拼图拼在一起。她看到一块山羊拼图不见了，她很生气！"问儿童："你们认为，凯莎生气时会做什么？"演出他们的想法。说诸如此类的话："她会跺脚！"或是："她会得到一块不同的拼图。"

过程　讲另一个故事开头，重复上述活动过程，例如："杰克逊（Jackson）的爸爸告诉他，奶奶莱西（Lacy）要来吃晚餐，还会带来一种特别的甜点。'哇！我好激动啊！'杰克逊说道。"如果儿童不确定应该怎样表演，问问其他孩子的看法。为其他情感讲述不同的故事开头。

右页表格中提供了一个案例，它说明了在不同发展水平上幼儿可能会说的话和可能会做的事，并提供了鹰架方案，用于支持并适当扩展儿童的学习。前文也提供了一些鹰架表格，里面包含了很多额外的想法。关于鹰架，你还

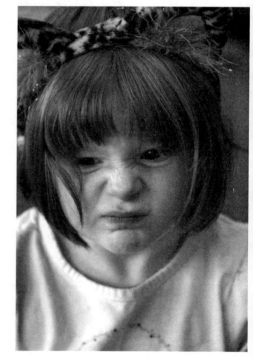

可以读一读第 3 章中的相关内容。

不同发展阶段的鹰架支持策略		
早　期	中　期	后　期
幼儿可能会 提出关于某种情感及表演方式的建议。	**幼儿可能会** 补充故事中没有提及的其他情感，例如："她又生气又伤心！"	**幼儿可能会** 补充故事开头中的素材，例如："马也不见了。还有老虎！"
成人可以 表演出儿童的想法，并鼓励其他儿童表演，例如："拉托亚（Latoya）说让我们通过拍手来表现很高兴。" **扩展学习：**问儿童还可以通过什么方式表现同样的情感："你高兴时，还会做什么？"	**成人可以** 谈论每种情感，并询问表现情感的方式。 **扩展学习：**问儿童，有时他们会在同一时间感受到哪些不同的情感，并请他们建议如何同时表现两种情感："上床之前，我有时会感到又累又暴躁。我们可以怎样同时表现这两种情感？"	**成人可以** 演出这些新的素材，问类似这样的问题："当拼图里的三种动物都不见了，凯莎会有什么样的感觉？" **扩展学习：**鼓励儿童创作自己的故事开头和表现故事人物感受的方法："给我们讲讲你感到害怕的时候吧。我们应该怎样表现出来？"

　　结　束　告诉儿童还有最后一个故事。选一种激发了很多想法的情感，让他们带着那种情感（例如，他们"真的真的很高兴！"）过渡到一日常规的下一项活动。

　　后续活动　当儿童在工作（选择）时间参与假装游戏时，鼓励他们表现出游戏场景中的情感。例如，如果某个孩子说："你是妈妈，你很害怕，因为房间里有个强盗。"那就问问他应该做些什么才能表现出很害怕。和儿童一起读书时不时停下来，让他们表演故事中的情感。

第8章 艺术欣赏活动

[注意：艺术欣赏活动要在其他四个创造性艺术领域之间保持平衡。本章为视觉艺术领域和音乐领域各提供了三种艺术欣赏活动，为律动和表演（假装）游戏领域各提供了两种。]

艺术本身的道德功能在于消除偏见，摘除让眼睛看不见的翳障，撕掉风俗习惯造成的隔阂，完善感知的力量。（John Dewey，1934，p.338）

儿童艺术欣赏的发展

研究表明，幼儿对于艺术的欣赏能力超出我们的想象（Gardner，1990）。他们渴望分享自己对图片、歌曲、舞蹈或故事的反应，只要谈话源于他们感兴趣的主题（Schiller，1995）。学前儿童通常关注艺术作品的主题，但在成人的提醒下，他们会开始注意艺术作品的品质。例如，他们可能会注意一张关于花园的画是位于阳光下还是阴影中，一只正在跳舞的熊的动作是轻盈的还是笨重的。同样，学前儿童可根据感官感受对艺术作品进行分类，因为他们天生就有分类的兴趣。例如，他们能描述音乐是平静的还是跳跃的，或是分辨一部短剧的基调是有趣的还是悲伤的。

幼儿也可对他们的所见所闻进行反思，包括他们认为某个艺术家在试图表达什么，或是某件艺术作品让他们感觉到什么。简单来说，他们甚至可以说出他们认为艺术作品怎样被艺术家所经历的事件影响了，例如，艺术家认识谁、住在哪里，或是艺术作品出现在当代还是另一个时段。这些与成人在欣赏艺术作品时所考虑的因素是一样的。

　　学前儿童的认知发展和社会性—情感发展会影响他们欣赏本书论及的每种艺术表现形式的能力。

　　视觉艺术。请将学习环境看作一个儿童会花大量时间待在里面的艺术馆。心理学家波纳德·斯波代克（Bernard Spodek，2008）说："我们有很多办法让儿童对周围的美更敏感，帮助他们理解自己文化中的美学要素。这要求我们将美丽的事物围绕在儿童周边，让学校环境更加美观舒适。"(p.13)

　　音乐。学前儿童的"奇思妙想"可能会让他们相信音乐是由机械设备发出的，而不是人们用自己的声音和（或）通过演奏乐器制造出来的。因此，十分有必要让幼儿听到现场的声乐和器乐表演，这也会提高他们的倾听技能。最适合学前儿童的音乐会长度为 25 分钟。如有可能，让儿童（在监管下）触摸乐器，并给他们留出时间向演奏者提问。

　　舞蹈。儿童了解运动的"语言"，并明白背后所隐藏的情感，包括幽默和悲伤（Friedman，2010）。让表演具有参与性。如果其他人在四处移动，儿童很难安静地坐着，因此，不管是在工作室中跳舞，还是在教室中在来访艺术家的指导下跳舞，都应给儿童留出时间和空间，让他们也能移动。鼓励学前儿童使用新发展的语言技能来描述自己的动作，以及通过身体所表达的感受。还应充分利用儿童不断发展的社会意识和敏感性，"大家一起来运动"应成为一项社区建设活动。

　　戏剧。学前儿童通常能够区分现实和幻想，不过，如果有容易造成混淆的内容，应预先提醒儿童。如有必要，应在表演过程中向他们保证那只是虚幻的东西。在本书中，我们允许儿童接触可怕的或令人不安的主题，只要结局令人欣慰。让表演具有参与性，并尊重儿童的注意力时长，这也很重要。教育工作者认为，稍小的学前儿童注意力时长为30—50分钟，稍大的学前儿童为60—75分钟（Friedman，2010），但儿童千差万别。刚开始时应提供较短的经历，然后逐渐延长体验时长。

　　总之，艺术欣赏受学前儿童感知、认知和社会性—情感能力的制约。"创造自己的艺术作品是儿童在生活中制造意义的方式之一。但他们也能发现他人和自然创造的艺术中的意义。这种发现就是艺术欣赏的内容。艺术成为思考和感知世界的一种方式，它丰富了人们的体验，并创造了新的理解层次。"（Epstein，2005，p.52）

支持艺术欣赏的材料和设备

　　下列材料有助于幼儿培养美感，欣赏艺术家的作品，并从总体上了解艺术的内容。

- 有不同类型插图的书籍，例如：水彩画和油画、简单和复杂的线条图、照片、拼贴画、现实的和抽象的图画。
- 为儿童撰写的关于艺术家（视觉艺术家、音乐家、舞蹈家、演员和其他有创意的人）的书；视觉艺术和表演艺术类型（流派）；各流派的艺术创作。
- 来自儿童家庭和各类艺术社区的视觉艺术、音乐和表演艺术案例，包括绘画、雕塑、编织、陶瓷、木制品；器乐和声乐录音；舞蹈和戏剧表演照片；关于来自不同背景的艺术家的图书；由不同语言和文化背景的艺术家书写或画插图的图书。
- 明信片、海报、关于艺术展览和演出的宣传册。
- 关于博物馆、建筑、音乐、舞蹈、戏剧表演的杂志和目录。
- 儿童艺术品展览。

- 视觉艺术家和表演艺术家的作品（复制品、照片、录音和短视频），来自不同的艺术表现形式，代表不同的流派。

如需了解更多资讯，请参见《高瞻学前课程模式》(Epstein & Hohmann，2012，Chapter 6，pp.171-221)。

支持艺术欣赏的教学策略

如果教师经常使用以下教学策略，学前儿童欣赏创造性艺术的能力将得到提高。

当教师和儿童一起探索时，专注于艺术品某些方面的特征

刚开始时，关注儿童对艺术作品最感兴趣的某一特征（明亮的色彩、动听的声音、不同寻常的律动方式）。鼓励儿童对此进行命名和描述。当儿童能够关注更多特征时，逐渐提高艺术作品的复杂性。描述并帮助儿童描述艺术作品各元素之间的关联方式，例如："音乐声越来越大，同时越来越快。"或："当你为小船修建坡道时，更多孩子加入了你的'海盗家族'。"

鼓励儿童做出审美选择和美学阐释

做出审美选择和说出喜欢（或不喜欢）某物的原因都需要知识和勇气。为了让儿童练习审美判断，应让他们体验各种艺术风格，这样他们可以发现什么会吸引自己。向儿童展示谈论艺术的"语言"。例如，谈论照片中的明暗分布，或是如何改变自己的声音来扮演不同的角色。为了帮助儿童自如地表达和解释他们的选择，应让他们知道自己的选择很重要，并且总是会得到尊重。向其他人示范这种接纳方式。

探讨艺术作品中表达的感觉

儿童先凭直觉领会艺术家试图表达什么（例如，这首音乐听起来很"欢乐"），然后才能解释这个效果是如何实现的。鼓励儿童谈论艺术作品唤起了他

们的哪种情感，并描述他们看到、听到的哪些元素带来了这样的感觉（例如："这颜色很暗，看起来挺吓人的。"）。当你展示艺术作品或将艺术作品送到儿童家中时，和儿童及其父母谈论儿童在创作艺术品时，他们在想什么或感受到了什么。

向儿童展示艺术家使用的材料、工具和技术

当儿童看到一件艺术作品时，通常意识不到背后的创作过程。教师可帮助儿童鉴别艺术家所用的各种材料、工具和技术，例如，展示刺绣或金属加工作品，以及绘画和雕塑。向儿童介绍音乐会、戏剧和舞蹈表演的海报；将海报张贴在儿童的视线高度，并鼓励他们在父母接送时间与父母探讨海报。如有可能，向儿童提供高质量的材料和工具，让他们自行操作。如果给他们细尖的刷子，他们会在自己的艺术作品中表现出更丰富的细节。鼓励他们尝试艺术家们的工作方式（"修拉画了很多点。我想知道你可以用那种方式画出什么。"）。

安排本地的实地考察，向儿童介绍创造性艺术

在当地寻找欢迎幼儿的艺术场馆——工作室、画廊、表演室，包括鼓励亲自动手的博物馆、展览会、表演会、景观公园和公共艺术空间。在带儿童去之前，教师应参观现场，并与负责人交谈，确保他们知道如何积极引导学前儿童参与学习过程。实地考察之后，鼓励儿童再现自己的经历。请艺术家捐赠多余的或废弃的材料，以及"行业工具"，供儿童自行使用。

如需了解更多关于支持学前儿童艺术欣赏的教学策略，参见爱泼斯坦（2012，Chapter 7）。

在艺术欣赏中融合文化差异

艺术教育家米米·晨菲尔德（Mimi Chenfeld）在《幼儿》（*Young Children*）杂志中和编辑德里·科拉利克（Derry Koralek，2010）访谈时说："我认为，所有生而为人的孩子都应该得到一张会员卡，让他们有资格学习音乐、舞蹈、故事和

诗歌，并了解本民族的风俗。"(p.10) 让学前儿童接触自身家庭和社区之外的艺术家与艺术经验也很重要。否则，儿童可能感受不到艺术的多样性，接触之后他们会喜欢将图像、声音、动作和想法与自己的生活联系起来。为了让您的教学材料和日常活动中的艺术欣赏多样化，请考虑以下建议。

艺术家。包括来自世界各地形形色色的艺术家和表演者；来自本国不同种族、民族、文化和宗教团体的艺术家；来自本国不同地理区域的艺术家。

艺术流派。包括来自世界各地、来自本国不同团体和地区的艺术风格。

材料。包括代表各种艺术表现形式的材料和工具；参观具有不同背景的艺术家的工作室，让儿童观察材料和工具是怎样使用的，并（如有可能）亲自使用；将材料和工具从艺术家的工作室带回教室，供儿童使用。

调整艺术欣赏材料和活动，适应有特殊需求的儿童

为了让每名儿童都有机会参与艺术欣赏活动，可考虑如下建议。

- 提供关于残疾艺术家和表演者的图书 [如盲人雕塑家大卫·斯蒂芬斯（David Stephens）、轮椅舞者协会（Wheelchair Dancers Organization）、有听力障碍的打击乐乐手埃弗林·格伦尼（Evelyn Glennie）]。
- 确保博物馆、音乐厅、剧院等实地考察的目的地有残疾人通道和设施。
- 酌情放大和（或）增强各种流派艺术作品的共享示例。
- 在儿童表达他们的审美选择时耐心倾听；接纳儿童表明审美偏好时所用的不同方式（如用手指、用眼睛看、向某处移动、用嘴说）。

调整艺术欣赏材料和活动，适应双语学习者（DLLs）

考虑用以下策略来支持英语是第二语言的儿童。

- 鼓励儿童用母语来描述各类艺术表现形式中的艺术作品及他们的审美偏好，并提供对应的英语。
- 用儿童在教室中说的语言和英语为展示的艺术作品贴标签。

- 提供用不同形式表现并带有改编后适合幼儿观看的非英文字幕和（或）特写的艺术作品，如书法、绘画和雕塑、歌名和歌词、舞蹈和舞步，以及戏剧中的字幕和角色。
- 鼓励双语儿童和母语是英语的儿童在艺术欣赏活动中合作，分享自己的发现与想法，互相帮助解决问题。
- 在艺术欣赏活动中，让双语儿童和母语是英语的儿童搭档。教师充当翻译，帮助他们理解并实施对方的想法。向双语儿童核对，确保他们的想法得到了正确的理解和交流。向母语是英语的儿童核对，确保他们理解了双语儿童的意图。

1 艺术家如何给自己的生活涂色

概述 儿童看完苏斯博士（Dr. Seuss）撰写的《我多彩的日子》（*My Many Colored Days*）后，谈论艺术家们怎样用颜色来代表情绪，以及如何通过绘画来描绘自己的感觉。

时段 小组活动时间

材料

◆《我多彩的日子》，作者苏斯博士；

◆ 颜料（最好装在带泵的罐子里），包括三原色（红、黄、蓝）、黑色和白色；

◆ 杯子（用来装颜料）、纸、画笔；

◆ 绘画工作服；

◆ 湿海绵、纸巾、装在碗里用以清理的水（在桌上铺报纸或塑料布可让清理更简单）。

课程内容 KDI 44. 艺术欣赏。参见 KDI 40. 视觉艺术；KDI 9. 情感；KDI 17. 小肌肉运动技能。

COR 升级版 条目 X. 视觉艺术。参见条目 D. 情感；条目 J. 小肌肉运动技能。

开始 阅读绘本《我多彩的日子》。和他们谈论作者为什么选某种特定的颜色来代表他的情绪。发表诸如此类的评论："我想知道，你在红色（或其他颜色）的日子里会感觉到什么？"告诉全班，今天他们将要画关于自己当天情绪的画，说："我想知道，你们会用哪些颜色来展示你们今天的感觉。"分发纸、画笔和杯子。

过程 当你在教室中巡视时，提示儿童回忆当天发生的事情以及他们的感受。例如，你可以说诸如此类的话："昨天雨太大了，我们都不能出去，可今天天晴了。这让你感觉怎么样呢？"或是："你和玛丽亚在工作时间玩了小汽车。我想知道当你们的车快速下坡时，什么颜色可以表现你们的兴奋？"

右页表格中提供了一个案例，它说明了在不同发展水平上幼儿可能会说的话和可能会做的事，并提供了鹰架方案，用于支持并适当扩展儿童的学习。

前文也提供了一些鹰架表格，里面包含了很多额外的想法。关于鹰架，你还可以读一读第 3 章中的相关内容。

不同发展阶段的鹰架支持策略		
早 期	中 期	后 期
幼儿可能会 探索使用颜料，但不会将颜色与自己的感受联系起来。	**幼儿可能会** 说他们选择某种颜色是因为那是他们"最喜欢的"，或是做一个与感觉无关的评价（如"我的卧室是蓝色的"）。	**幼儿可能会** 谈论某种颜色怎样反映了他们对当天发生的事情的感受："我选红色，因为我很高兴餐点时有爆米花。"
成人可以 为儿童选择的颜色贴标签，对他们使用颜料的方式发表评论："你用手指蘸上蓝色颜料画大圈。" **扩展学习**：分享可能会与儿童使用的颜色产生联系的感觉，例如："当我伤心时，黄色会让我振作起来。"	**成人可以** 重复儿童的评论，并分享一个类似的观察（如最喜欢的颜色）。 **扩展学习**：将儿童的评论与感觉联系在一起，例如，询问当他们穿上自己最喜欢的颜色时感觉如何，或与儿童谈论他们会在自己房间做什么（比如在就寝时间父母为他们读书），以及那会让他们感觉怎样。	**成人可以** 认可儿童的评论，说诸如此类的话："你喜欢爆米花，而且红色是快乐的颜色。" **扩展学习**：让儿童想象一个不同的场景，并为此选择一种颜色："假设我们吃了花生酱饼干，那么你们会选择什么颜色？"

结 束　在活动结束前五分钟提醒儿童。和儿童一起收拾，并提醒他们在哪儿可以找到绘本和绘画材料。在儿童过渡到一日常规的下一项活动时，让他们表现出自己对活动的感觉，如开心、兴奋或不耐烦。

后续活动　当你和儿童一起读其他熟悉的绘本时，不时对艺术家如何运用色彩来展现人物的感受进行评论。（注意不要打断故事的流畅性。）在公告板时间，询问儿童对新材料或即将发生的事情的感受，以及应该用什么颜色写下这些感受。在回顾时间，摆放一些彩色方块，请儿童选择颜色，表现自己在回顾所做活动时的感受。

2　　用正方形布料做被子

概述　儿童自制被子的同时探索不同类型面料的审美属性。

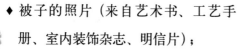

时段　小组活动时间

材料

◆ 被子的照片（来自艺术书、工艺手册、室内装饰杂志、明信片）；

◆ 不同质地、颜色、设计和形状的布料碎片（请父母捐一些碎布料，特别是那些反映其他文化的材料和设计）；

◆ 彩色封口胶带；

◆ 剪刀。

课程内容　KDI 44. 艺术欣赏。参见 KDI 40. 视觉艺术；KDI 17. 小肌肉运动技能；KDI 38. 模式。

COR 升级版　条目 X. 视觉艺术。参见条目 J. 小肌肉运动技能；条目 V. 模式。

开始　向儿童展示被子的照片。问他们家里是否有被子（如床罩、枕头、隔热垫、壁挂）。谈论被子是怎样制成的，怎样"通过拼接不同的布料来形成某个图案或设计"。让儿童传看几种布料样本，让他们感觉和观察，然后给每个孩子一篮碎布、胶带和剪刀。把剩下的材料放在桌子中间。说诸如此类的话："我想知道你做的被子会是什么样子的。"

过程　和儿童谈论篮子里布料的颜色、质地和设计。对他们所选的布料和安排布料的方式进行评论，例如，你可以说："你在被子上用了很多红色和蓝色的布料。"或："你选的材料摸起来很柔软。"鼓励儿童分享和交换样品，探索桌上的其他碎布。在必要时，帮助他们使用胶带或剪刀，并让他们互相帮助。

右页表格中提供了一个案例，它说明了在不同发展水平上幼儿可能会说的话和可能会做的事，并提供了鹰架方案，用于支持并适当扩展儿童的学习。前文也提供了一些鹰架表格，里面包含了很多额外的想法。关于鹰架，你还

可以读一读第 3 章中的相关内容。

不同发展阶段的鹰架支持策略		
早 期	**中 期**	**后 期**
幼儿可能会	幼儿可能会	幼儿可能会
选择单片布料,在上面贴满胶带。	随机选择几片碎布,拼成正方形或长方形,可能会用一种或多种颜色的胶带把部分或所有碎布拼在一起。	选择某几种碎布,或者把碎布剪成在头脑中设计出来的大小;可能表现出对某种颜色或模式的偏好。
成人可以	**成人可以**	**成人可以**
描述并鼓励儿童描述所用材料的特点,比如颜色、宽度或质地。	对儿童的选择及他们设计布料的方式进行评论:"你把所有浅色的布料放在上面,把一排深色布料放在下面。你用红色胶带把它们粘在一起。"	鼓励儿童描述他们所用的材料和彩色胶带,以及他们是怎样把布料拼接成被子的。
扩展学习:比较儿童篮子里布料的不同:"这块布料是纯色的,那块有很多颜色。"	**扩展学习**:一起观察被子的图片,讨论它们和儿童正在设计、制作的被子的异同。	**扩展学习**:问问儿童为什么选择某块特定的布料和(或)彩色胶带,为什么特别喜欢某个东西,以及被子的设计唤起了他们的哪种情绪:"你选的颜色都是明亮的,让我想起了我的花园。"

结束 在活动结束前五分钟提醒儿童该收拾了。他们可能会选择把被子放进储物柜,然后带回家,或是拿一块"工作还在进行中"标志牌,表明他们打算在工作(选择)时间继续制作被子。建议儿童在过渡到一日常规的下一项活动时,像剪刀一样移动胳膊和腿。

后续活动 将各种布料放在教室的不同区域和户外游戏空间(如将毯子放在娃娃屋,将花纹油布放在沙盒上)。请家人把被子带到学校,供儿童观察。在图书区增添更多被子图片。去当地的面料商店参观碎布桶。实地考察以被子为特色的艺术画廊或手工艺品交易会。观察制作被子的工人所使用的各式材料和缝合方式。

3　观察艺术复制品

> **概述**　儿童根据艺术作品的艺术（审美）特征，对明信片进行分类。

时段　小组活动时间

材料

◆ 精美的艺术作品复制品（来自博物馆礼品店的明信片，或是将从艺术、手工艺和建筑杂志上剪下来的照片制作成"明信片"），包括绘画、雕塑、摄影、版画、木刻、编织、陶瓷和其他艺术表现形式。

课程内容　KDI 44. 艺术欣赏。参见 KDI 40. 视觉艺术；KDI 45. 观察；KDI 46. 分类。

COR 升级版　条目 X. 视觉艺术。参见条目 BB. 观察与分类。

开始　和儿童一起观察四张明信片并进行探讨，指出明信片中的艺术作品的题材、表现形式，以及对颜色、光线和线条的使用等。根据儿童提供的信息，将明信片分成两堆（例如，一堆是艺术家用了多种颜色的作品，一堆是黑白两色的作品；或是分成二维和三维两堆作品）。给每名儿童一套明信片，每套 4—6 张，说诸如此类的话："我想知道，你会在这些艺术品中看到什么，以及你会怎样对明信片进行分类。"

过程　和儿童谈论明信片中艺术作品的属性。描述并鼓励儿童描述他们感兴趣的特征，以及如何将这些特征融入自己的艺术作品。例如，你可以说："你画画时会用什么颜色？"或："有时你在平面上画画，有时你画出来的东西立在空中。"向儿童介绍艺术词语，使用诸如背景、表现方式、颜色、线条和形式之类的词。中途添加其他明信片，供儿童分享、比较和分类。

　　右页表格中提供了一个案例，它说明了在不同发展水平上幼儿可能会说的话和可能会做的事，并提供了鹰架方案，用于支持并适当扩展儿童的学习。前文也提供了一些鹰架表格，里面包含了很多额外的想法。关于鹰架，你还可以读一读第 3 章中的相关内容。

不同发展阶段的鹰架支持策略		
早　期	中　期	后　期
幼儿可能会 主要关注非艺术性特征，例如，评论说这是一张狗的图片，然后翻看其他明信片，找寻狗的图像。	**幼儿可能会** 注意到一两种艺术特征，如表现形式或主色。	**幼儿可能会** 对几种艺术品质进行评论，例如，图片显示的是真实的事物（具象艺术）还是仅仅是一些"线条、形状和颜色"（抽象艺术）；事物是金属的还是木制的；图片上有很多线条还是大片的颜色。
成人可以 复述儿童的观察，帮助他们寻找有相关图像的明信片。 **扩展学习**：问问儿童他们还注意到图片上的其他什么东西，例如，所用的材料，有没有背景图像，狗站在光下还是阴影中。	**成人可以** 问问儿童还有哪些复制品具备那种艺术表现形式的特征，或是有相似（或相反）的颜色。 **扩展学习**：鼓励儿童关注作品的其他艺术特征，例如，评论艺术家是怎样使用"留白"和"照明"（浅色）来突出影像的，并鼓励儿童找出其他使用相同技巧的复制品。	**成人可以** 鼓励儿童与他人分享明信片，寻找他们所提及的艺术作品品质上的异同，并谈论同一种艺术表现形式的各种变化方式。例如，怎样用木材、金属、石头或布料（纤维）来制作雕塑。 **扩展学习**：询问儿童艺术家的创作意图和选择某种技巧的原因："你认为她为什么选择这些颜色？"

结束　在活动时间快要结束时将明信片收起来，同时让儿童知道这些明信片会存放在哪里，这样如果他们想继续玩明信片就能够找到材料。建议儿童在过渡到一日常规的下一项活动时，假装自己是木制（或金属、布质）的雕像一样过渡。

后续活动　将艺术作品的复制品张贴在教室各处与儿童视线齐平的高度，选择那些能够反映张贴区域特性的复制品，例如，将画家玛丽·卡萨特（Mary Cassatt）画的母亲给孩子洗澡的画张贴在娃娃家，或是将露易丝·奈纳尔森（Louise Nevelson）的木雕作品放在积木区。阅读绘本时，找出与绘本插图所用技巧类似的明信片［例如：米尔顿·埃弗里（Milton Avery）画的粗线条人像，伊兹拉·杰克·济慈（Ezra Jack Keats）绘制的《下雪天》（The Snowy Day）中的人像］。

4 世界乐器

概述 儿童探索来自世界不同地区和文化的乐器。

时段 小组活动时间

材料

♦ 来自不同地区和文化的乐器，小到儿童可以演奏的，例如：供轻轻敲打的打击类乐器，如葫芦、用不同材料塑造或雕刻而成的节奏棒、装有各种填充物的沙锤、响板、铜钹、铃鼓、各种形状和尺寸的鼓、三角铁；用嘴吹奏的吹奏类乐器，如长笛、八孔直笛、卡祖笛、羊角号（公羊角）；弹拨类的弦乐器，如尤克里里琴、吉他、小提琴（最好是儿童尺寸的小提琴，即常规尺寸的二分之一长、四分之三宽）。

♦ 正在演奏各种乐器的人的照片。

课程内容 KDI 44.艺术欣赏。参见 KDI 41.音乐；KDI 48.预测。

COR 升级版 条目 Y.音乐。参见条目 CC.实验、预测和得出结论。

开始 引入来自不同地区和文化的乐器。鼓励家长和其他员工参与这项活动，为活动出力。（小学的音乐部也可能会愿意贷款购买更耐用的乐器。）分发传阅乐器演奏者的照片。邀请儿童及其家庭成员谈论某种（某些）乐器在他们的家中和社区中的意义，他们在何处通过何种方式得到乐器，家里谁会演奏以及什么时候演奏。说诸如此类的话："让我们来演奏这些乐器，听听它们发出的不同声音。"

过程 亲自尝试演奏不同的乐器，并鼓励儿童尝试。每次演奏一种乐器，也可连着演奏两种乐器，进行比较。鼓励儿童仔细聆听他们演奏乐器发出的声音，以及其他人用不同的乐器发出的声音。

右页表格中提供了一个案例，它说明了在不同发展水平上幼儿可能会说的话和可能会做的事，并提供了鹰架方案，用于支持并适当扩展儿童的学习。前文也提供了一些鹰架表格，里面包含了很多额外的想法。关于鹰架，你还可以读一读第 3 章中的相关内容。

不同发展阶段的鹰架支持策略		
早　期	中　期	后　期
幼儿可能会 用一种方式演奏某种乐器，例如敲鼓或摇沙锤。	**幼儿可能会** 用几种方式探索两种或更多种乐器，例如扫弦、摇晃或重击。	**幼儿可能会** 探索多种乐器，比较它们的制作方式和发出的声音。
成人可以 为乐器命名，模仿儿童的动作并为动作贴标签。 **扩展学习**：鼓励儿童尝试用其他动作演奏同样的乐器，或是用同样的动作演奏其他乐器："你还可以对铃鼓做些什么呢？"随后问儿童他们认为新的动作或新的乐器会发出什么样的声音。	**成人可以** 描述并鼓励儿童描述乐器发出的各种声音效果。 **扩展学习**：鼓励儿童比较不同乐器发出的声响，包括那些关键部件大不相同的乐器（如弦乐和打击乐器），以及那些十分相似、只在某个重要方面有所不同的乐器（如尺寸和弦的数量不同的弦乐乐器）。	**成人可以** 对儿童音乐探索的多样性进行评论："你试了所有的鼓，刚开始你用手击鼓，然后用不同的鼓槌或轻或重地击鼓。" **扩展学习**：询问儿童他们认为声音是怎样发出来的（"你做了什么让声音的音调这么高？""告诉我，怎么做才能发出音调低的声音？"），并尝试儿童的假想（想法），与他们谈论尝试的结果。

结　束　在活动快要结束时，让儿童再试一种乐器，随后，收齐所有的乐器并拿走放好。在过渡到一日常规的下一项活动时，让儿童假扮自己演奏过的某种乐器。例如，他们可以像琴弦一样伸展着移动，让身体的某些部位像铜钹一样合拢发出铿锵声，或是像沙锤一样摇晃。

后续活动　安排全班参加儿童音乐会，特别是那种音乐家会谈论乐器及其工作原理、让儿童倾听并比较乐器声音的音乐会。邀请家长中会演奏乐器的成员来参观教室。播放用不同类型乐器演奏的音乐片段，如弦乐四重奏、（即兴）坛罐乐队、以喇叭为主的步操管乐队、钢琴奏鸣曲等。与儿童谈谈他们听到的声音。安排一个小组活动时间，让儿童自己制作乐器（参见本章活动 6）。

5　在乐谱纸上创作

概述　儿童在乐谱（五线谱）纸上观察乐谱，然后在乐谱纸上创作自己的歌曲。[注意：这项活动与提高写作能力的活动类似，是发展读写能力的一部分。儿童用串联字母和标点符号的方式写出曲调和音乐符号，扩展关于音乐符号和作曲过程的知识（Ohman-Rodrigues，2005）。]

时段　小组活动时间

材料
- 写在乐谱纸（活页乐谱）上的乐曲范例，包括儿童熟悉的歌曲；
- 空白的乐谱纸；
- 铅笔。

课程内容　KDI 44. 艺术欣赏。参见 KDI 41. 音乐；KDI 29. 书写。

COR 升级版　条目 Y. 音乐。参见条目 R. 书写。

开始　向儿童展示一页写有乐曲的乐谱纸，让他们猜测页面上说的是什么。向儿童解释作曲家就是用音乐符号在这种特殊的乐谱纸（也被称为五线谱纸）上作曲的，就像作家在书页上写出文字一样。告诉儿童，音乐家通过读这些标记（音符）来了解他们要唱什么或在乐器上演奏什么，五线谱底部的音符是低音，上面的音符是高音。向每个儿童展示带有音符的乐曲样本（表示"音长"的全音符、二分音符和四分音符），以及一些符号，比如低音符号和高音谱号（"低音和高音"），反复记号（"重复演奏或歌唱"）和休止符号（"暂停"或"等待"）。为这些符号贴上标签并加以说明，使用此处建议的简单语言。唱一首熟悉的歌（如"一闪一闪亮晶晶"），指出每个音符。为每名儿童分发空白的乐谱纸和铅笔，并邀请他们"写一首歌"。

过程　继续与儿童讨论乐谱，识别音符和符号。观察儿童在纸上所写的符号，使用音乐注解语言进行评论。比如，你可能会说："你写在上面线上的音符会被唱成高音，写在下面线上的音符会被唱成低音。"邀请儿童"演唱"他们所创作的乐曲。

右页表格中提供了一个案例，它说明了在不同发展水平上幼儿可能会说的话和可能会做的事，并提供了鹰架方案，用于支持并适当扩展儿童的学习。前文也提供了一些鹰架表格，里面包含了很多额外的想法。关于鹰架，你还可以读一读第 3 章中的相关内容。

不同发展阶段的鹰架支持策略		
早 期	**中 期**	**后 期**
幼儿可能会	**幼儿可能会**	**幼儿可能会**
在乐谱纸上涂鸦，说他们在创作音乐，也许会说出一个熟悉的歌名："我在写船歌。"	在乐谱纸上到处画圆圈和直线，用来代表音符。	在乐谱纸上写出很多音符和符号。
成人可以	**成人可以**	**成人可以**
说诸如此类的话："你在写《划船曲》的音符。"	在自己的纸上模仿儿童画的符号，评论说："我正在写的歌和你的很像。"询问儿童他们的歌是否有歌名，如果有，写在页面的顶部。	请儿童说出他们写了什么，如果他们发问，为他们提供音符的名称，例如："空心的圆圈被称为全音符。"
扩展学习：看着那首歌（或是儿童知道的其他歌曲）的乐谱进行演唱，随着音调的高低起伏指出五线谱上音符的位置；指出歌名、歌曲起始和结束的位置、怎样从左到右跟着乐谱唱，诸如此类。	**扩展学习**：要求儿童教成人唱他们自己写的歌，让儿童自己唱出、指出页面上的音符和符号；当儿童唱歌、教歌时，成人可用自己的手指着乐谱跟随。	**扩展学习**：鼓励儿童比较自己创作的歌曲和样例，并询问儿童可以在他们自己创作的歌曲上添加哪些其他音符。

　　结　束　鼓励儿童在小组其他人面前唱出或描述自己的歌曲，以此结束活动。回收乐谱纸和铅笔，将它们放在教室里存放其他文具的地方。在过渡到一日常规的下一项活动时，让儿童"像全音符一样迈大步"或"像四分音符一样迈小步"。

　　后续活动　将儿童最喜欢的歌曲曲谱添加到班级的歌本中。和孩子们一起唱这些歌曲时，指出音符和其他音乐注解。将歌本和曲谱放在图书区。在公告板上绘制音符，表明儿童什么时候会在大组活动时间学习新歌。

6 制作乐器

概述 儿童自制乐器并描述他们是怎样制作的。

时段 小组活动时间（最好在儿童完成本章活动 4 "世界乐器" 之后进行）

材料

◆ 盒子（包括薄纸板做成的盒子，儿童可轻易剪开或挖洞）；

◆ 不同弹性、不同粗细的纱线、绳子和电线；

◆ 可用来敲打的物品，如棍子、小树枝、小积木和长柄厨具（勺子、抹刀）；

◆ 可用来弹奏的物品，如吉他拨片、金属螺栓或长方形厚纸板（小到足以让儿童单手拿着操作）；

◆ 不同直径、不同粗细的链条；

◆ 锡罐（洗净并去除锋利边缘）；

◆ 塑料和金属瓶盖；

◆ 小的金属物品，如垫圈、螺丝和回形针；

◆ 塑料容器和盖子；

◆ 梳子和刷子；

◆ 胶布；

◆ 盘线（最好是又长又粗的绳索，比如可能会在园艺用品中发现的那种绳索）。

课程内容 KDI 44. 艺术欣赏。参见 KDI 41. 音乐；KDI 4. 问题解决；KDI 17. 小肌肉运动技能。

COR 升级版 条目 Y. 音乐。参见条目 B. 使用材料解决问题；条目 J. 小肌肉运动技能。

开始 在儿童熟悉各种乐器并了解它们的发音方式之后（参见本章活动 4 "世界乐器"），说诸如此类的话："今天，我们要制作属于自己的乐器。"让儿童探索并讨论桌上的材料。给每名儿童一个装着几种（4—6 种）材料的篮子，包括胶带，问他们："我想知道你们会做什么乐器。"

过程 谈论儿童所使用的材料，以及他们的乐器是怎样发声的。鼓励儿童展示各种声音。询问儿童他们的乐器是否有名字。他们可能会用一个熟悉的名字来称呼自己的乐器，也可能自己虚构一个名字，两种情况都应被接纳。帮助儿童用材料解决问题（例如怎样在盒子上剪个洞或系上细绳），并让他们互相帮助。

右页表格中提供了一个案例，它说明了在不同发展水平上幼儿可能会说的话和可能会做的事，并提供了鹰架方案，用于支持并适当扩展儿童的学习。前文也提供了一些鹰架表格，里面包含了很多额外的想法。关于鹰架，你还可以读一读第 3 章中的相关内容。

不同发展阶段的鹰架支持策略		
早 期	**中 期**	**后 期**
幼儿可能会 玩材料，但并不做乐器。	**幼儿可能会** 用两三种材料做简单的乐器，如摇铃或鼓。	**幼儿可能会** 用好几种材料做复杂的乐器，如"吉他"（用盒子、绳子、胶带以及用来弹奏的螺栓制作）。
成人可以 像儿童一样使用材料，并对材料的特点进行评价，例如，指出纱线有弹性，但电线很僵硬。 **扩展学习：**用材料制造声音，鼓励儿童模仿成人的动作，并在此基础上扩展，例如把金属垫圈放进塑料容器，盖上盖子摇晃，然后递给儿童，供其探索。	**成人可以** 询问儿童他们是怎样制作乐器的，以便成人做出相同的乐器。 **扩展学习：**请儿童描述他们的乐器是怎样发出声音的；大声问儿童还可用什么方式演奏他们的乐器，以及（或者）增添什么材料能制造不同的声音。	**成人可以** 描述并请儿童描述他们是怎样制造出独特的声音的："你是用什么发出那种咔嗒声的？" **扩展学习：**鼓励儿童倾听彼此乐器独自发出的声音，然后儿童一起演奏，同时比较乐器发出的声音。

结束 请儿童互相展示自己的乐器，然后在房间里走动着演奏。请儿童将自己的乐器添加到音乐区，或是放进自己的储物柜带回家。在过渡到一日常规的下一项活动时，让他们假装演奏某件乐器（弹奏、敲打、吹奏等）。

后续活动 将世界各地独特乐器（如葫芦、长笛）的照片带到学校，添加到音乐区。下载并播放不同乐器演奏的录音，既有一些儿童熟悉的乐曲，也有一些他们从未听过的乐曲。当儿童在工作（选择）时间或户外活动时间使用材料时，不时问他们可以怎样用材料发出乐声，例如：通过用自动倾卸卡车倾倒小的金属物体，发出叮当声；或是摩擦一片草叶，直到草叶发出吱吱声。

7 像明星一样跳舞

> **概述**　儿童观看舞蹈演出并（或）阅读相关图书后，自己创造出富有表现力的律动作品。

时 段　大组活动时间，在现场观摩舞蹈演出并（或）阅读相关书籍后

以下是一些图书建议：比尔·T.琼斯（Bill T. Jones）和苏珊·库克林（Susan Kuklin）的《舞蹈！》(Dance！)；玛丽莲·内尔松（Marilyn Nelson）和苏珊·库克林的《美丽的芭蕾舞女演员》(Beautiful Ballerina)；理查德·迈克尔森（Richard Michelson）和E. B.刘易斯（E.B. Lewis）的《快乐的脚：我和萨沃伊的林迪舞者》(Happy Feet: The Savoy Lindy Hoppers and Me)

材料

- ◆ 音乐和音乐播放器；
- ◆ 运动时可使用的物品，如围巾和纸盘，备用；
- ◆ 道具服和（或）用来制作道具服的材料、工具，备用；

课程内容：KDI 44.艺术欣赏。参见KDI 42.律动；KDI 16.大肌肉运动技能；KDI 18.身体意识。

COR 升级版　条目Z.律动。参见条目I.大肌肉运动技能。

　　开 始　带儿童去现场实地观看一场舞蹈演出。例如，去看一场为儿童举办的音乐会、街头表演或舞蹈学校的舞蹈表演。如果允许，拍下照片或视频。另外（或者如果不能观看现场表演），阅读关于舞蹈的绘本。第二天，帮助儿童回忆现场演出和（或）阅读的图书。谈论他们的见闻，翻看演出照片和书上的图片。播放与他们听到和（或）读到的音乐类似的乐曲，说诸如此类的话："我想知道你们会创作出什么样的舞蹈。"

　　过 程　和儿童一起进行富有表现力的律动，有时模仿他们的动作，偶尔也会向儿童介绍新颖的主意。每隔三分钟左右换一首乐曲，这些乐曲应属于不同的流派或强调不同的特点，如节奏或情绪不同，以引发不同的解读。鼓励儿童在开始运动之前先听会音乐。

下面的表格中提供了一个案例，它说明了在不同发展水平上幼儿可能会说的话和可能会做的事，并提供了鹰架方案，用于支持并适当扩展儿童的学习。前文也提供了一些鹰架表格，里面包含了很多额外的想法。关于鹰架，你还可以读一读第3章中的相关内容。

不同发展阶段的鹰架支持策略		
早 期	中 期	后 期
幼儿可能会 不听音乐就开始律动；可能只采用一种律动方式。	**幼儿可能会** 开始律动之前，先听5秒或10秒音乐。	**幼儿可能会** 主动评论舞蹈演出，并说明自己将怎样试着模仿所看到的动作；他们也许能分辨自己特别欣赏的舞步。
成人可以 模仿并描述儿童的动作，说诸如此类的话："我像你一样转了一圈。"	**成人可以** 描述儿童的动作，以及这些动作在哪些方面和音乐的特点相匹配。	**成人可以** 认可儿童动作和舞者动作相似的地方，并鼓励儿童说出他们喜欢某个动作的原因。
扩展学习：说诸如此类的话："让我们听听音乐。告诉我，对你来说，这首乐曲听上去是怎样的？"随后，鼓励儿童采用他们所描述的语言进行律动，例如，你可能会说："你可以怎样用'暴涨'的方式运动？"	**扩展学习**：将儿童的动作和舞蹈演出时儿童所见到的动作进行比较："你像那位芭蕾舞者一样在头上晃动手臂。""你像那位在街头演出的俄罗斯人一样，蹲着踢脚，把脚踢在身体的前方。"	**扩展学习**：让儿童尝试他们观察到的另一种类型的动作，或是做与舞者相反的动作，并鼓励儿童用道具和服装让舞蹈变得更复杂、精美。

结束 告诉儿童你什么时候播放最后一首乐曲。当这首乐曲结束时，让儿童鞠躬或模仿舞者在演出结束时所做的动作。让全班为他们鼓掌。请儿童通过跳舞的方式过渡到一日常规的下一项活动。

后续活动 提供舞蹈表演海报和新闻照片。和儿童谈谈舞台布景和服装。如果儿童选择在工作（选择）时间重现现场观看演出的情景，为他们提供制作道具的材料和工具，出售门票，引导观众就座，为引座员制作手电筒等。告诉家长哪里有适合带孩子去的免费或低成本的舞蹈演出。

8 世界各地的舞蹈

> **概述** 儿童倾听来自世界各地的各种乐曲，并随着音乐律动。

时段 大组活动时间

材料

♦ 乐曲，每首持续三分钟左右，代表各种流派和世界上不同的地区（如需更多资讯，参见第 5 章"在音乐中融入文化多样性"部分的内容）；

♦ 音乐播放器；

♦ 人们穿着本土服装或庆典服装，在欢庆节日时或在其他场合，随着不同类型音乐跳舞的照片，将其作为备用材料。

课程内容 KDI 44. 艺术欣赏。参见 KDI 41. 音乐；KDI 16. 大肌肉运动技能；KDI 53. 多样性。

COR 升级版 条目 Y. 音乐。参见条目 Z. 律动；条目 I. 大肌肉运动技能；条目 FF. 对自我和他人的认知。

开始 为儿童播放一首他们可能从未听过的乐曲，如印度的拉格。请他们描述所听到的乐曲，说诸如此类的话："你听到了什么？"随后，鼓励儿童跟着乐曲跳舞。三分钟后，换一首不同的乐曲，如西藏的佛教音乐、东欧的波尔卡或美国原住民的长笛音乐，介绍说："这儿有种不同的音乐。"让儿童描述他们这次听到了什么（如是乐器还是歌手发出的声音），然后问他们："我想知道，你们会怎样随着这种音乐跳舞。"

过程 为你所播放的音乐类型贴标签（命名）。描述并鼓励儿童描述不同乐曲的特点，以及儿童怎样律动才能反映这些特点。请孩子们探讨他们和自己的家人在一起时所听的音乐类型，以及这些音乐与他们正在听的音乐有何异同。问问他们，在家中或其他场合喜欢以什么方式、在什么时候跳舞（例如，他们可能会参加婚礼、聚会或是哥哥姐姐的独奏会）。

右页表格中提供了一个案例，它说明了在不同发展

水平上幼儿可能会说的话和可能会做的事，并提供了鹰架方案，用于支持并适当
扩展儿童的学习。前文也提供了一些鹰架表格，里面包含了很多额外的想法。关
于鹰架，你还可以读一读第 3 章中的相关内容。

不同发展阶段的鹰架支持策略		
早　期	中　期	后　期
幼儿可能会 用同样的方式跟随不同的音乐类型律动。	**幼儿可能会** 随着音乐做一两个不同的动作，例如，他们可能会忽快忽慢地舞动，或是上下舞动，然后左右摇摆。	**幼儿可能会** 用很多不同的方式律动，并询问："这种音乐叫什么？"
成人可以 模仿儿童的动作并贴标签（命名）。 **扩展学习**：对乐曲的某种特点进行评论，例如，告诉儿童"这听起来很活泼"，并以能够反映这种特点的方式律动；看看儿童是否会模仿，如果他们不愿意，也接受他们的选择；问问儿童他们觉得音乐听起来怎么样，并询问他们会怎样跟随音乐的特点律动："你们会怎样快速律动？"	**成人可以** 描述并鼓励儿童描述自己的动作。 **扩展学习**：请儿童解释乐曲的何种特点让他们选择以那种方式律动。	**成人可以** 告诉儿童音乐类型的名称，以及这种音乐源自哪里或是人们会怎样随着音乐跳舞："这是芭蕾。人们会穿着特别的服装、踮起脚随着音乐跳舞。" **扩展学习**：分享不同的团体随着不同类型的音乐跳舞的照片。

　　结　束　告诉儿童，你什么时候将播放最后一首乐曲。鼓励他们注意自己和
同伴表现乐曲特点的不同方式。当儿童过渡到一日常规的下一项活动时，继续播
放最后一首乐曲。

　　后续活动　重复这项活动，使用可以用手持握的乐器（如沙锤、指钹）和
其他儿童可带在身上舞动的物品（如围巾、纸盘）。在大组活动时间继续播放丰
富多样的乐曲，让儿童跟着舞动。鼓励家长提供唱片，并为儿童示范简单的舞
步。去街头集市观看舞者跟随不同的音乐类型表演。

9　哑　剧

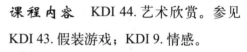

概述　儿童用哑剧（只有身体姿势和面部表情）来演出真实的和想象的情景。

时段　大组活动时间

材料

无

课程内容　KDI 44. 艺术欣赏。参见 KDI 43. 假装游戏；KDI 9. 情感。

COR 升级版　条目 AA. 假装游戏。参见条目 D. 情感。

开始　告诉儿童有一种被称为"哑剧"的假装游戏，演员只用身体姿势和面部表情——不说话也不发出其他声响——来表现场景。向他们展示哑剧，例如，表现出疲倦、准备睡觉的样子（打哈欠、伸懒腰、揉眼睛、躺下、假装把枕头拍松、盖上毯子）。请儿童想出别的主题来进行哑剧表演，并和他们一起演出。

过程　继续让儿童想出哑剧表演的内容和表演方式。鼓励他们相互观察、模仿，并提出自己的想法。对他们的身体姿势和面部表情进行评价，并询问这些姿势和表情代表什么。例如，你可以说："揉脸时，你感觉到什么？"在儿童演出熟悉的情景后，鼓励他们根据喜欢的图书或假装游戏情景虚构想象的情节。提醒他们不能在哑剧表演时说话，这一点和他们平时玩假装游戏不一样。

右页表格中提供了一个案例，它说明了在不同发展水平上幼儿可能会说的话和可能会做的事，并提供了鹰架方案，用于支持并适当扩展儿童的学习。前文也提供了一些鹰架表格，里面包含了很多额外的想法。关于鹰架，你还可以读一读第 3 章中的相关内容。

不同发展阶段的鹰架支持策略		
早 期	**中 期**	**后 期**
幼儿可能会	**幼儿可能会**	**幼儿可能会**
模仿他人的姿势和表情，偶尔说话或发出声响。	用哑剧表演熟悉的场景，比如他们在假装游戏中扮演的场景（如安抚哭闹的娃娃、在医生的诊所打针、让汽车撞到塔上、驾驶一辆卡车）。	用情节复杂的哑剧来表现熟悉的或虚构的场景。
成人可以	**成人可以**	**成人可以**
模仿儿童的动作，但不发出声音。	认可并执行儿童的想法，鼓励其他孩子复制并进一步细述他们的想法。	猜测儿童在描述什么。
扩展学习：鼓励儿童只用身体和面部来表现自己的想法："我想知道你可以怎样表现出自己很生气却不咆哮。"	**扩展学习**：建议儿童回忆自己喜爱的书中的某个场景，在不用语言的前提下表演出来："你可以怎样表演亚历山大在那非常糟糕可怕的一天发生了什么？"	**扩展学习**：让儿童猜测成人在用哑剧表演什么，然后问儿童是什么样的身体动作或面部表情为他们"提供了线索"；继续和儿童轮流表演哑剧，猜测场景；鼓励儿童互相猜测哑剧表演的内容。

结束 让儿童再推荐一个哑剧，并思考他们可以采用的所有表现方式。当儿童过渡到一日常规的下一项活动时，选择一个场景（如梦游、骑三轮车，或踩着石头过河），让儿童用哑剧表演。

后续活动 有时用哑剧代替口头指示，让儿童猜测你要求他们做什么。需要用公告板时，用表演来代替手写留言，让儿童猜测是什么意思。

10　和演出相关的事情

概述　和儿童去现场观看戏剧表演之后（或基于儿童和家人去看电影、演出的经历），让儿童表演去剧院的经历。

时段　大组活动时间，在现场观看演出之后，或是在儿童讲述了和家人一起观看演出的经历之后。

材料

♦ 用于制作入场券、座椅、舞台、灯光（闪光灯）、幕布的道具；

♦ 道具服；

♦ 制作备用道具的材料和工具，如盒子、积木、纸、蜡笔、胶带。

课程内容　KDI 44. 艺术欣赏。参见 KDI 43. 假装游戏；KDI 22. 表达。

COR 升级版　条目 AA. 假装游戏。参见条目 I. 表达。

开始　现场观看为儿童创作的戏剧表演。或是邀请社区戏剧社团进入课堂。安排儿童和剧组工作人员见面、交谈，并注意验票、舞台布景、服装、灯光、故事中的人物等事宜。（如果没有办法观看现场演出，可基于儿童和家人去看电影或演出的经历。）第二天在大组活动时间，说诸如此类的话："昨天我们去剧院时（或你和家人去看演出时），我们做的第一件事情是把入场券交给工作人员。现在我们应该怎样表现这个场景呢？"

过程　继续按顺序回顾这次观看演出的经历，关注剧院经历的各个方面，而不仅仅是戏剧故事。例如，让儿童表演被引座员引导到座位上；当灯光熄灭时坐在剧院里；看着幕布打开；观察舞台布景和服装；演出结束后鼓掌。鼓励儿童回忆他们所见和所做事情的细节，并用上道具，如：纸质门票；一排排椅子，中间有个过道；一块幕布（床单或毯子）；室内灯光或舞台灯光（手电筒）。

右页表格中提供了一个案例，它说明了在不同发展水平上幼儿可能会说的话和可能会做的事，并提供了鹰架方

案，用于支持并适当扩展儿童的学习。前文也提供了一些鹰架表格，里面包含了很多额外的想法。关于鹰架，你还可以读一读第 3 章中的相关内容。

不同发展阶段的鹰架支持策略		
早　期	中　期	后　期
幼儿可能会	**幼儿可能会**	**幼儿可能会**
表演教师回忆的事件，照着同伴的做法进行表演。	回忆自己在剧院中的部分经历。	用动作、姿势和道具来表演现场观看演出时对他们有意义的经历。
成人可以	**成人可以**	**成人可以**
向儿童介绍其他孩子的想法："阿里（Ali）正在制作一排椅子，看起来像剧院的椅子。他好像需要一些帮助。"	认可儿童的想法，鼓励其他孩子将其表现出来："索菲娅（Sofia）说剧院里变得很黑，然后幕布就升起来了。我们应该如何表现？"	问问儿童还可以做什么或用什么来重现自己的经历："那个农夫还穿了什么？我们能用什么代替？"
扩展学习：问问儿童他们还能回忆哪些见过、做过的具体事情："座椅真是柔软。你还记得哪些其他和座椅相关的事情？"	**扩展学习**：帮助儿童回想事件发生的顺序："在那之前舞台上发生了点事情，你记得是什么吗？"	**扩展学习**：介绍与剧院相关的单词，如导演和演员、布景和服装、灯光、剧本、彩排、谢幕、喝彩（最后一个单词可解释为"它的意思是鼓掌"）。

　　结　束　在集体活动时间快结束时，让儿童假装乘坐观看表演那天所使用的交通工具返回学校。当儿童过渡到一日常规的下一项活动时，让他们假装乘坐同样的交通工具。

　　后续活动　如果儿童在工作（选择）时间想要假装"去剧院"，为他们提供道具和材料。重演剧场的经历，这次侧重于儿童所看戏剧的叙事（故事）。向家庭介绍低成本或免费的观看机会，参加专为儿童设计的社区剧场活动。在计划时间和回顾时间融入剧院的某些元素，例如：将代表各个区域的物品放在"幕布"后面，当儿童描述自己在工作时间将要做什么或做过什么时，他们可以把这些物品拿到"舞台"上。

参考书目

Bayless, K. M., & Ramsey, M. E. (2004). *Music: A way of life for the young child.* Upper Saddle River, NJ: Prentice Hall.

Bodrova, E., & Leong, D. J. (2005). Promoting student self–regulation in learning. *Education Digest, 71*(2), 54–57.

Bodrova, E., & Leong, D. (2007). *Tools of the mind: The Vygotskian approach to early childhood education* (2nd ed.). New York, NY: Prentice Hall.

Bradley, K. K. (2002). Informing and reforming dance education research. In R. J. Deasy (Ed.), *Critical links: Learning in the arts and student academic and social development* (pp. 27–29). ERIC Number: ED466413. Download at http://eric. ed.gov/?id=ED466413

Bruner, J. S. (1986). *Actual minds, possible worlds.* Cambridge, MA: Harvard University Press.

Burton, J. (2000). The configuration of meaning: Learner–centered art education revisited. *Studies in Art Education, 41*(4), 330–342.

Catterall, J. S. (2002a). The arts and transfer of learning. In R. J. Deasy (Ed.) *Critical links: Learning in the arts and student academic and social development* (pp. 162–168). ERIC document number: ED466413. Download at http://eric. ed.gov/?id=ED466413

Catterall, J. S. (2002b). Research on drama and theater in education. In R. J. Deasy (Ed.) *Critical links: Learning in the arts and student academic and social development* (pp. 69–73). ERIC document number: ED466413. Download at http://eric. ed.gov/?id=ED466413

Centers for Disease Control. (2010). *The association between school–based physical activity, including physical education, and academic performance.* Atlanta, GA: US Department of Health and Human Services.

Cheatham, G. A., & Ro, Y. E. (2010). Young English learners' interlanguage as a context for language and early literacy development. *Young Children, 65*(4), 18–23.

Chenfeld, M. B. (2005). Education is a moving experience: Get movin'! In D. Koralek (Ed.). *Spotlight on young children and the creative arts* (pp. 50–51). Washington, DC: National Association for the Education of Young Children.

Copple, C., & Bredekamp, S. (Eds.). (2009). *Developmentally appropriate practice in early childhood programs serving children from birth through age 8* (3rd ed.). Washington, DC: National Association for the Education of Young Children.

Creasey, G. L., Jarvis, P. A., & Berk, L. E. (1998). Play and social competence. In O. N. Saracho & B. Spodek (Eds.), *Multiple perspectives on play in early childhood education* (pp. 116–143). Albany, NY: State University of New York.

Deasy, R., & Stevenson, L. (2002). *The arts: Critical links to student success.* Washington, DC: Arts Education Partnership, Council of Chief State School Officers.

Dewar, G. (2013). The social world of newborns: A guide for the science–minded parent. *Parenting Science.* Retrieved from http://www. parentingscience.com/newborns–and–the–social–world.html.

Dewey, J. (1934). *Art as experience.* New York, NY: Perigee Books.

Dow, C. B. (2010). Young children and movement: The power of creative dance. *Young Children, 65*(2), 30–35.

Drew, W. F., & Rankin, B. (2005). Promoting creativity for life using open– ended materials. In D. Koralek (Ed.), *Spotlight on young children and the creative arts* (pp. 32–39). Washington, DC: National Association for the Education of Young Children.

Epstein, A. S. (2005). Thinking about art: Encouraging art appreciation in early childhood settings. In D. Koralek (Ed.), *Spotlight on young children and the creative arts* (pp. 52–57). Washington, DC: National Association for the Education of Young Children.

Epstein, A. S. (2012). *The HighScope Preschool Curriculum: Creative arts.* Ypsilanti, MI: HighScope Press.

Epstein, A. S., & Hohmann, M. (2012). *The HighScope Preschool Curriculum.* Ypsilanti, MI: HighScope Press.

Epstein, A. S., & Trimis, E. (2002). *Supporting young artists: The development of the visual arts in young children.* Ypsilanti, MI: HighScope Press.

Francois, C., Chobert, J., Besson, M., & Schon, D. (2013). Music training for the development of speech segmentation. *Cerebral Cortex*, *23*(9), 2038– 2043. doi: 10.1093/cercor/bhs180

Friedman, S. (2010). Theater, live music, and dance: Conversations about young audiences. *Young Children*, *65*(2), 36–41.

Gardner, H. (1990). *Art education and human development.* Los Angeles, CA: Getty Center for Education in the Arts.

Geist, K., Geist, E. A., & Kuznik, K. (2012). The patterns of music: Young children learning mathematics through beat, rhythm, and melody. *Young Children*, *67*(1), 74–79.

Gelman, S. A., & Opfer, J. E. (2002). Development of the animate–inanimate distinction. In U. Goswami (Ed.), *Blackwell handbook of childhood cognitive development* (pp. 151–166). Malden, MA: Blackwell.

Greata, J. (2006). *An introduction to music in early childhood education.* Clifton Park, NY: Delmar Learning.

Horowitz, R., & Webb–Dempsey, J. (2002). Promising signs of positive effects: Lessons from the multi–arts studies. In R. J. Deasy (Ed.), *Critical links: Learning in the arts and student academic and social development* (pp. 109–111). ERIC document number: ED466413.

Kavanaugh, R. D. (2006). Pretend play. In B. Spodek & O. N. Saracho (Eds.),

Handbook of research on the education of young children (2ⁿᵈ ed., pp. 269–278). Mahwah, NJ: Lawrence Erlbaum.

Kemple, K. M., Batey, J., & Hartle, L. (2005). Music play: Creating centers for musical play and exploration. In D. Koralek (Ed.). *Spotlight on young children and the creative arts* (pp. 24–31). Washington, DC: National Association for the Education of Young Children.

Kim, J., & Robinson, H. M. (2010). Four steps for becoming familiar with early music standards. *Young Children*, *65*(2), 42–47.

Kindler, A. M. (1995). Significance of adult input in early childhood artistic development. In C. M. Thompson (Ed.), *The visual arts and early childhood learning* (pp. 1–5). Reston, VA: National Art Education Association.

Koralek, D. (2005). Introduction. In D. Koralek (Ed.), *Spotlight on young children and the creative arts* (pp. 2–3). Washington, DC: National Association for the Education of Young Children.

Koralek, D. (2010). Introduction—Interview with Mimi Brodsky Chenfeld. *Young Children*, *65*(2), 10–12.

LaMore, R., Root–Bernstein, R., Root–Bernstein, M., Schweitzer, J. H., Lawton, J. L., Roraback, E., Peruski, A., VanDyke, M., & Fernandez, L. (2013). Arts and crafts: Critical to economic innovation. *Economic Development Quarterly*, *27*(3), 221–229. doi:10.1177/0891242413486186

Leong, D., & Bodrova, E. (2012). Assessing and scaffolding make–believe play. *Young Children*, *67*(1), 28–34.

Marigliano, M. L., & Russo, M. J. 2011. Foster preschoolers' critical thinking and problem solving through movement. *Young Children*, *66*(5), 44–49.

Matlock, R., & Hornstein, J. (2005). Saber–toothed tiger: Learning and the arts through the ages. In D. Koralek (Ed.), *Spotlight on young children and the creative arts* (pp. 6–11). Washington, DC: National Association for the Education of Young Children.

Maynard, C., & Ketter, K. J. (2013). The value of open–ended art. *Teaching young children*, *7*(1), 24–27.

Mitchell, L. C. (2005). Making the MOST of creativity in activities for young children with disabilities. In D. Koralek (Ed.), *Spotlight on young children and the creative arts* (pp. 40–43). Washington, DC: National Association for the Education of Young Children.

National Art Education Association. (2006). *Art: Essential for early learning* (position paper of the Early Childhood Art Educators Issues Group). Reston, VA: Author.

Ohman–Rodriguez, J. (2005). Music from inside out: Promoting emergent composition with young children. In D. Koralek (Ed.), *Spotlight on young children and the creative arts* (pp. 44–49). Washington, DC: National Association for the Education of Young Children.

Paley, V. (1981). *Wally's stories*. Cambridge, MA: Harvard University Press.

Parsons, M. J. (1987). *How we understand art*. Cambridge, UK: Cambridge University.

Piaget, J. (1926/1959). *The language and thought of the child*. New York: Humanities Press.

Pica, R. (2009). Make a little music. *Young Children*, *64*(6), 74–75.

Pica, R. (2011). Taking movement education outdoors. *Young Children*, *66*(4), 58–59.

Pinciotti, P. (2006). Changing lenses: It's all about art! In B. Neugebauer (Ed.), *Curriculum — Art, music, movement, drama: A beginnings workshop book* (pp 11–14). Redmond, WA: Exchange.

Prairie, A. P. (2013). Supporting sociodramatic play in ways that enhance academic learning. *Young Children*, *68*(2), 62–68.

Rabinowich, T–C., Cross, I., & Burnard, P. (2013). Long–term musical group interaction has a positive influence on empathy in young children. *Psychology of Music*, *41*(4), 484–498. doi: 10.1177/0305735612440609

Ratey, J. J. (2008). *SPARK: The revolutionary new science of exercise and the brain*. New York, NY: Little Brown.

Root–Bernstein, M. (2014). *Inventing imaginary worlds: From childhood play to adult creativity across the arts and science*. Washington, DC: Rowan & Littlefield.

Rosengren, K. S. & Hickling, A. K. (2000). The development of children's thinking about possible events and plausible mechanisms. In K. S. Rosengren, C. N. Johnson, & P. L. Harris (Eds.), *Imagining the possible* (pp. 75–98). Cambridge: Cambridge University Press.

Rubin, K. H., Bukowski, W., & Parker, J. (2006). Peer interactions, relationships, and groups. In N. Eisenberg (Ed.), *Handbook of child psychology, Vol. 3: Social, emotional, and personality development* (6th ed., pp. 571–645). New York, NY: John Wiley & Sons.

Sawyers, K. S. (with Colley, E., & Icaza, L.). (2010). *Moving with purpose: 54 activities for learning, fitness, and fun*. Ypsilanti, MI: HighScope Press.

Schiller, M. (1995). An emergent art curriculum that fosters understanding. *Young Children, 50*(3), 33–38.

Scott–Kasner, C. (1992). Research on music in early childhood. In R. Colwell (Ed.), *Handbook of research on music teaching and learning* (pp. 633– 650). Reston, VA: Music Educators National Conference.

Scripp, L. (2002). An overview of research on music and learning. In R. J. Deasy (Ed.), *Critical links: Learning in the arts and student academic and social development* (pp. 143–147). ERIC Number: ED466413. Download at http://eric. ed.gov/?id=ED466413

Sims, W. L. (1985). Young children's creative movement to music: Categories of movement, rhythmic characteristics, and reactions to change. *Contributions to Music Education, 12*, 42–50.

Sobel, D. (2001). *Galileo's daughter: A historical memoir of science, faith, and love*. New York, NY: Walker and Company.

Sobel, D. M. (2006). How fantasy benefits young children's understanding of pretense. *Developmental Science*, *9*, 63–75.

Soundy, C. S., & Lee, Y. H. (2013). A medley of pictures and patterns in children's drawings. *Young Children*, *68*(2), 70–77.

Sousa, D. A. (2006). How the arts develop the young brain. *The School Administrator*, *63*(11), 19–24. Retrieved from http://www.aasa.org/School-AdministratorArticle.aspx?id=7378

Spodek, B. (2008). Educationally appropriate art activities for young children. In (Curriculum: Art, music, movement, drama   — A Beginnings Workshop book) (pp. 13–16). Redmond, WA: Exchange Press.

Stellaccio, C. K., & McCarthy, M. (1999). Research in early childhood music and movement education. In C. Seefeldt (Ed.), *The early childhood curriculum: Current findings in theory and practice* (3rd ed., pp. 179–200). New York, NY: Teachers College Press.

Subbotsky, E. V. (2004). Magical thinking in judgments of causation: Can anomalous phenomenon affect ontological causal beliefs in children and adults? *British Journal of Developmental Psychology*, *22*, 123–152.

Swann, A. C. (2008). Children, objects, and relations: Constructivist foundation in the Reggio Emilia approach. *Studies in art education*, *50*(1), 36–50.

Tabors, P. O. (2008). *One child, two languages: A guide for preschool educators of children learning English as a second language*. Baltimore, MD: Brookes.

Tarr, P. (2008, July). New visions: Art for early childhood. *Art Education*, *61*(4), 19–24.

Taunton, M., & Colbert, M. (2000). Art in the early childhood classroom: Authentic experiences and extended dialogues. In N. J. Yelland (Ed.), *Promoting meaningful learning: Innovation in educating early childhood professionals* (pp. 67–76). Washington, DC: National Association for the Education of Young Children.

Tierney, A., & Kraus, N. (2013). The ability to move to a beat is linked to the consistency of neural responses to sound. *The Journal of Neuroscience, 33*(38), 14981–14988.

Vygotsky, L. S. (1978). *Mind and society: The development of higher phychological processes*. Cambridge, MA: Harvard University Press.

Wanerman, T. (2010). Using story drama with young preschoolers. *Young Children, 65*(2), 20–28.

Wien, C. A., Keating, B–L., & Bigelow, B. (2008). Moving into uncertainty: Sculpture with three–to–five–year–olds. *Young Children, 63*(4), 78–86.

Wardle, F., & Cruz–Janzen, M. I. (2004). *Meeting the needs of multiethnic and multiracial children in schools*. Boston, MA: Allyn and Bacon.

Weikart, P. S. (2000). *Round the circle: Key experiences in movement for young children* (2nd ed.). Ypsilanti, MI: HighScope Press.

West, N. T. (2005). Art for all children: A conversation about inclusion. *Exchange, 27*(5), 47–51.

Wien, C. A. (with Keating, B–L. & Bigelow, B.). (2008). Moving into uncertainty: Sculpture with three–to–five–year–olds. *Young Children, 63*(4), 78–86.

Wright, S. (2003). *The arts, young children, and learning*. Boston, MA: Pearson.

附　录
怎样使用本书中的鹰架思路表

鹰架是早期教育中的一个重要组成部分，因为幼儿的发展是一个持续的过程，即便年龄相同，儿童的发展和能力水平也千差万别。鹰架思路表承认这种多样性，可帮助您促进所有儿童的学习，包括双语学习者（DLLs）和有特殊需要的儿童。

本书中的每个活动都包含一张鹰架思路表，对于支持和扩展儿童在特定内容领域的学习提出了建议。这些鹰架思路表旨在指导可能与内容领域相关的学习。然而，您应该预计到儿童会以独特的方式使用材料，并准备好支持任何可能发生的学习方式。

每张鹰架思路表分为三列，每列的小标题分别为"早期""中期""后期"，每列中提供了一些例子，说明当幼儿在这三个发育阶段使用材料和（或）参与活动时可能出现的（与特定内容领域相关的）言行。对于这三个发展阶段中的每个阶段，每张图表中都包含一个名为"成人可以"的项目，项目下提供了一些例子，说明在这三个发展阶段，当你在活动中与儿童互动时，可以如何支持并适当扩展他们的学习。

为了用鹰架支持儿童学习本书中所提到的活动，您可遵照以下三个步骤进行。

第一步，考虑儿童的发展水平

查看每个活动所对应的鹰架思路表，从头到尾仔细阅读儿童在每个发展阶段可能出现的言行。预先考虑你所在小组或教室中的每个孩子可能会对此活动做出怎样的回应。也就是说，哪个孩子可能在早期、中期或后期的发展水平上做出回应，以及他们会如何使用所提供的材料。这将帮助你更加有意识地思考如何根据儿童的发展水平采取不同方式与他们互动（第二步）。

第二步，根据儿童当前的发展水平提供帮助

一旦你了解了儿童可能会在活动中做什么，就可以规划如何支持他们目前的发展水平。在活动的鹰架思路表上查看关于"成人可以"做什么的建议，了解应如何支持每个孩子当前的发展水平。这些支持措施可能包括如下策略：模仿儿童的行为并为其命名；有意识地使用与内容领域相关的词语来描述儿童正在做的事；要求儿童描述自己在做什么。作为一种策略，请记得中途暂停一下，看看儿童如何回应你的提议，这会让你知道应该继续进行第二步还是转向第三步。

第三步，提供适度的扩展练习

如果儿童热切地回应你的支持策略，你可以尝试在他们正在做的事情中引入一个新的理念。请查看"成人可以"栏目下以"扩展学习"开头的段落。在这些段落中，提供了在特定内容领域扩展儿童学习的策略。例如，通过发表评论来引起儿童对其他孩子的行为的关注；请儿童解释自己的想法；适度介绍新的概念或想法，或是提出挑战。

如果在使用活动鹰架思路表时遵循了上述步骤，你就可以促进儿童的发展，并扩展每名儿童在每项活动中的可能性。

作者简介

安·S. 爱泼斯坦博士是高瞻教育研究基金会的前任课程发展高级主管,她在基金会工作超过 40 年,于 2015 年退休。她专长的领域包括课程开发、教师职业发展、研究和机构评估,以及工具开发。爱泼斯坦博士出版的著作包括:《有准备的教师》[1](*The Intentional Teacher*)、《学前教育中的主动学习精要》[2](*Essentials of Active Learning in Preschool*)、《高瞻学前课程模式》[3](*The HighScope Preschool Curriculum*)、《你、我和我们:学前教育中的社会性—情感学习》(*Me, You, Us: Social-Emotional Learning in Preschool*);《数字和学前教育中的数学课程》(*Numbers Plus-Preschool Mathematics Curriculum*)、《高瞻 0—3 岁儿童课程:支持婴儿与学步儿的成长和学习》[4](*Tender Care and Early Learning: Supporting Infants and Toddlers in Child Care Settings*)、《我是儿童艺术家——学前儿童视觉艺术的发展》[5](*Supporting Young Artists*)以及《支持早期学习的小组活动》(*Small-Group Times to Scaffold Early Learning*)。她还是学前儿童观察评价系统(升级版)[6](COR Advantage,这是高瞻对从刚出生到学前阶段的儿童进行观察评估的系统)和教育机构质量评价系统[7](PQA,这是高瞻用于评价教学实践和机构管理的工具)的主要开发人员。爱泼斯坦博士除了拥有发展心理学的博士学位之外,还拥有美学硕士学位,她创作的艺术作品曾参与展出,小说也获得过出版。

---

[1][2] 中文版已由教育科学出版社出版。——编辑注

[3][4] 中文版即将由教育科学出版社出版。——编辑注

[5] 中文版已由教育科学出版社出版。——编辑注

[6][7] 这两套系统所对应的《学前儿童观察评价系统》(COR–Advantage)和《学前教育机构质量评价系统》(PQA)两本书已由教育科学出版社出版。——编辑注

出版人　李　东
策划编辑　孙冬梅
责任编辑　孙冬梅
版式设计　宗沅书装　沈晓萌
责任校对　马明辉
责任印制　叶小峰

图书在版编目（CIP）数据

艺术智慧：幼儿园中的创造性艺术／（美）安·S.
爱泼斯坦（Ann S.Epstein）著；唐小茹，齐鑫译.—
北京：教育科学出版社，2019.4（2021.9重印）
（高瞻课程的理论与实践）
书名原文：Arts Smart:The Creative Arts in
Preschool
ISBN 978-7-5191-1852-5

I.①艺…　II.①安…　②唐…　③齐…　III.①艺术教
育—教学研究—学前教育　IV.①G612

中国版本图书馆 CIP 数据核字（2019）第 062073 号

北京市版权局著作权合同登记　图字：01-2016-9147 号

艺术智慧——幼儿园中的创造性艺术
YISHU ZHIHUI——YOU'ERYUAN ZHONG DE CHUANGZAOXING YISHU

出版发行	教育科学出版社				
社　　址	北京·朝阳区安慧北里安园甲 9 号		市场部电话	010-64989572	
邮　　编	100101		编辑部电话	010-64989395	
传　　真	010-64989419		网　　址	http://www.esph.com.cn	
经　　销	各地新华书店				
制　　作	宗沅书装				
印　　刷	保定市中画美凯印刷有限公司				
开　　本	787 毫米 ×1092 毫米　1/16		版　　次	2019 年 4 月第 1 版	
印　　张	12.75		印　　次	2021 年 9 月第 2 次印刷	
字　　数	185 千		定　　价	38.00 元	

如有印装质量问题，请到所购图书销售部门联系调换。
封面图片来源：高品（北京）图像有限公司